MINISTÈRE DU COMMERCE, DE L'INDUSTRIE,
DES POSTES ET DES TÉLÉGRAPHES

EXPOSITION INTERNATIONALE

DE

SAINT-LOUIS (U. S. A.)

1904

Section Française

RAPPORT

DES

Groupes 17 et 18

LIBRAIRIE, MUSIQUE, RELIURE
et
CARTOGRAPHIE

Henri LE SOUDIER, Libraire-Editeur
MEMBRE DU JURY, VICE-PRÉSIDENT DU GROUPE XVII
RAPPORTEUR DES GROUPES XVII ET XVIII

PARIS
COMITÉ FRANÇAIS DES EXPOSITIONS A L'ÉTRANGER
Bourse de Commerce, rue du Louvre
1906

LEVÉ, IMPRIMEUR

Groupes 17 et 18

LIBRAIRIE, MUSIQUE, RELIURE

et

CARTOGRAPHIE

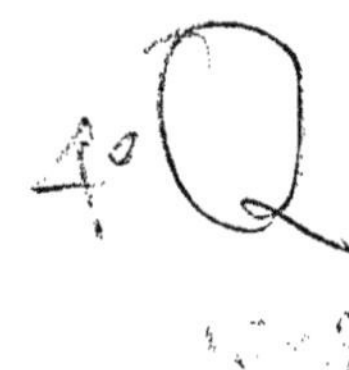

MINISTÈRE DU COMMERCE, DE L'INDUSTRIE
DES POSTES ET DES TÉLÉGRAPHES

EXPOSITION INTERNATIONALE

DE

SAINT-LOUIS (U. S. A.)

1904

Section Française

RAPPORT

DES

Groupes 17 et 18

LIBRAIRIE, MUSIQUE, RELIURE
et
CARTOGRAPHIE

Henri LE SOUDIER, Libraire-Editeur
MEMBRE DU JURY, VICE-PRÉSIDENT DU GROUPE XVII
RAPPORTEUR DES GROUPES XVII ET XVIII

PARIS
COMITÉ FRANÇAIS DES EXPOSITIONS A L'ÉTRANGER
Bourse de Commerce, rue du Louvre
1906

AVANT-PROPOS

GROUPES XVII ET XVIII

LIBRAIRIE, MUSIQUE, RELIURE, CARTOGRAPHIE

AVANT-PROPOS

Le 30 avril 1904, l'Exposition de Saint-Louis était inaugurée par M. Taft, ministre de la Guerre, délégué à cet effet par le Président des Etats-Unis, M. Roosevelt. Pendant quelques instants, Washington et Saint-Louis ne firent qu'un, grâce aux fils électriques, qui relièrent les différentes attractions de l'Exposition du Forest Park à la Maison Blanche. C'est de Washington que le Président en appuyant le doigt sur un commutateur mit, à 1.500 kilomètres de distance, les machines en mouvement, fit jaillir les grandes eaux et déployer les drapeaux. Assis dans un fauteuil, il ouvrit à travers l'espace l'Exposition de Saint-Louis, grâce à la fée Electricité qui, elle, ignore la distance. Les Américains, comme on l'a dit autre part, « ont voulu glorifier ainsi cette force mise à la portée de tous aux Etats-Unis, à l'atelier comme dans les palais ».

L'Exposition de Saint-Louis a été, comme celle de Chicago, un succès d'architecture. En 1893, les Américains avaient fêté l'anniversaire du quatrième centenaire de la découverte du Nouveau Monde par Christophe Colomb. En 1904, ils ont tenu à marquer l'anniversaire du centenaire de l'acquisition de la Louisiane, cédée par la France aux Etats-Unis, par une manifestation plus imposante encore, si possible, que ne l'avait été l'exposition qui, onze ans plus tôt, avait brillé avec tant d'éclat sur les bords du lac Michigan. Les Américains avaient fait grand à Chicago et nous avions été unanimes à constater, que la World's Fair eût gagné à être développée sur un champ plus restreint. Tous les visiteurs s'étaient plaints des longues distances qu'il fallut parcourir alors et des pertes de temps qui devaient fatalement en résulter pour les hommes d'étude et les spécialistes, désireux d'examiner attentivement des produits similaires.

Ces plaintes sont restées lettre morte, car à Saint-Louis les

Festival Hall et Colonnade (côté gauche), et Grand bassin. (Effet de nuit.)

Américains, toujours de plus en plus épris de tout ce qui est grand, ont tenu à se surpasser et à faire encore plus grand. « Trop grand », répétait-on partout et sur tous les tons. Combien de produits ont passé inaperçus ou n'ont pu être étudiés faute de temps ou en raison de la fatigue qui résultait des longues distances à parcourir sous une chaleur excessive, qui se continua jusqu'aux premiers jours d'octobre!

Il faut reconnaître, par contre, que l'aspect de tous ces palais gigantesques, mesurant des centaines de mètres de largeur chacun, était saisissant et bien fait pour émerveiller les yeux. Qui eût pu s'imaginer à la fin de 1902, qu'au milieu du Forest Park s'élèverait quelques mois après une autre forêt de blanches constructions, à la place des arbres centenaires aux épaisses frondaisons vertes. Après avoir abattu la moitié de cette magnifique forêt, située aux portes de la ville, après avoir masqué en la couvrant la petite rivière qui coule en son milieu, on érigea sur cet emplacement des palais, on traça des jardins, on établit

Festival Hall, Colonnade et Grand bassin (côté droit).

des cascades, on creusa des canaux.

L'aspect de l'ensemble, une fois terminé, répondit à l'attente des organisateurs. Par une disposition heureuse du terrain du Forest Park, une élévation du sol permit d'y établir le Pavillon central ou Festival Hall, relié de chaque côté, par des colonnades en demi-cercle, aux deux pavillons des extrémités, le tout d'un gracieux effet. Grâce à une disposition non moins heureuse, ce Festival Hall ou salle des Fêtes se trouvait au milieu de l'Exposition, dominant du haut de cette colline la grande cascade. Cette dernière, tombant à ses pieds, s'écoulait dans un immense bassin destiné à alimenter les divers canaux qui circulaient devant les Palais des Manufactures et des Transports, ce qui permettait aux visiteurs de faire un circuit complet en gondoles ou autres embarcations de toutes sortes au cœur de l'Exposition.

Le soir, le spectacle n'était pas moins merveilleux, car tous les palais s'illuminaient de milliers de lampes électriques, dessinant les moindres arêtes des monuments, dont la silhouette se détachait dans la nuit en lignes de feu, et la vue dont on jouissait de la terrasse du Festival Hall était des plus saisissantes qu'on pût voir, donnant à l'ensemble de l'Exposition un aspect féerique.

La participation du commerce, de l'industrie, des arts du monde entier à la Louisiane Purchase Exposition a été des plus brillantes. Elle comprit pour la France seule plus de 7.000 exposants, et cet empressement fut une première et légitime récompense réservée aux efforts des Américains. Les résultats pécuniaires devaient en constituer une autre non moins appréciable. D'après la statistique publiée au commencement de 1905, l'Exposition a reçu près de 19 millions de visiteurs, parmi lesquels 14 millions d'entrées payantes rapportèrent 28 millions de francs. Les recettes obtenues par les concessionnaires ont été d'environ 32 millions. Si l'on ajoute à ces deux sommes plus de 6 millions provenant de divers traités, on arrive au chiffre total de 66 millions 250.000 francs. En retranchant les frais, on a obtenu une somme de 6 millions 250.000 francs à partager entre le Gouvernement Fédéral, l'Etat de Missouri, la Ville de Saint-Louis et les actionnaires. Ces derniers, qui ont souscrit un capital de garantie de 15 millions de dollars, ont reçu environ un million de dollars de dividende, soit 6 %. Il est vrai que le Gouvernement fédéral et l'Etat de Missouri, qui avaient affecté plus de 50 millions de dollars aux constructions, n'ont pas retiré cette mise de fonds ; mais les avantages considérables échus à la Ville de Saint-Louis et à l'Etat lui-même, ont constitué une compensation suffisante.

Il appartenait aux nations étrangères, et à chacune de leurs industries en particulier, de tirer de cette imposante manifestation les précieuses leçons qu'elle laissait après elle. Telle est précisément la tâche qui nous a été confiée et dont nous avons essayé de nous acquitter le mieux possible dans ce rapport. De nombreuses et patientes recherches ont été nécessaires pour obtenir tous les renseignements que nous avons réussi à faire entrer dans ce travail. Notre désir le plus sincère est que nos observations éclairent la route qui doit mener nos industries vers le progrès et vers une prospérité de plus en plus grande.

Nous avons déjà eu l'honneur d'être commissaire-rapporteur en 1893 à l'Exposition de Chicago. Nos observations et les documents, sur lesquels elles s'appuyaient, ont été consignés dans un

Palais des Industries diverses.

rapport publié à cette époque. Nous avions tenu à donner alors, ce qui n'avait pas encore été fait en France, l'organisation de la librairie dans les principaux pays. Nous estimions qu'il était profitable, pour nos confrères français, d'étudier les procédés de nos concurrents et le champ d'action où nos industries pourraient s'étendre à l'infini, on peut le dire, grâce aux bibliothèques innombrables et richement dotées de l'Amérique du Nord, qu'il s'agisse des Etats-Unis ou du Dominion. Nous ne savons si nos confrères ont mis à profit nos informations et les conseils qui en étaient la conséquence. Qu'il nous suffise de leur rappeler que, depuis, les procédés se sont perfectionnés et que ce champ, déjà très vaste en 1893, pour la diffusion du livre, n'a fait que s'élargir dans ces dix dernières années. Au moment où d'autres nations le cultivent et l'exploitent sans relâche, nous ne pouvons que les prier de se reporter à ce que nous disions il y a onze ans, en ajoutant que nos concurrents sont les mêmes et leur activité égale à ce qu'elle était jadis.

Il n'y a donc pas lieu de revenir sur l'étude que nous avons faite de l'organisation de la librairie à l'étranger. Nous nous attacherons par contre à montrer l'état de la production du livre dans les pays qui ont exposé à Saint-Louis. A cette statistique de la production nous en joindrons une autre, celle de la consommation ou de l'exportation à l'étranger pour les mêmes pays, et nous les comparerons à celles de la France. Enfin nous passerons en revue successivement les expositions du livre, de la musique, de la reliure et de la cartographie. Nous serons amené ainsi à résumer ce que nous aurons dit au cours de ce rapport et à donner une conclusion à notre travail.

Toutefois, pour suivre les instructions qui nous ont été remises, nous parlerons auparavant, d'une manière très brève, de l'admission des exposants et de l'installation des expositions des groupes XVII et XVIII ; nous donnerons la composition de ces groupes et des classes qui les ont formés ; nous passerons ensuite au Jury des récompenses, en indiquant sa composition et en étudiant son fonctionnement ; enfin nous dresserons un tableau comparatif des récompenses obtenues par la France et les autres nations.

EXPOSÉ

DE

L'ORGANISATION

EXPOSÉ DE L'ORGANISATION

I. — ADMISSION DES EXPOSANTS
INSTALLATION DES EXPOSITIONS

Les groupes XVII et XVIII, librairie, musique, presse périodique, reliure, cartes et appareils de géographie, réunissaient de nombreuses adhésions ainsi réparties :

Libraires-Editeurs.
Editeurs et Directeurs de Journaux.
Relieurs et Doreurs.
Editeurs de Musique.
Editeurs-Géographes.

Le comité a publié, dès le mois de novembre 1902, dans la « Bibliographie de la France », la circulaire de M. Trouillot, alors Ministre du Commerce et de l'Industrie, annonçant la participation officielle de la France à l'Exposition de Saint-Louis. Les membres du comité étaient les suivants par ordre alphabétique :

ALCAN (Félix), Libraire-Editeur.
BARRÈRE (Henri), Editeur-Géographe.
BELIN (Henri), Libraire-Editeur.
BULLOZ (Ernest), Editeur-Photographe.
CARTERET (Léopold), Libraire-Editeur.
DELAGRAVE (Charles), Libraire-Editeur.
DOIN (Octave), Libraire-Editeur.
DURAND (Auguste), Editeur de musique.
FOURET (René), Libraire-Editeur.
GILLON (Paul), Libraire-Editeur.
GRUEL (Léon), Relieur, Libraire-Editeur.

LAFITTE (Pierre), Editeur de publications illustrées.
LAYUS (Lucien), Libraire-Editeur.
LEMERRE (Désiré), Libraire-Editeur.
LE SOUDIER (Henri), Libraire-Editeur.
LE VASSEUR (Amand), Libraire-Editeur.
MAINGUET (Pierre), Libraire-Editeur.
MASSON (Pierre-V.), Libraire-Editeur.
MONPROFIT (Alfred), Libraire-Editeur.
PICARD (Alcide), Libraire-Editeur.
PUEL DE LOBEL (Ernest), Editeur d'Annuaires.
ROUVEYRE (Edouard), Libraire-Editeur.

Le bureau fut ainsi composé :

Président : O. DOIN, Libraire-Editeur, Président du Cercle de la Librairie.

Vice-Présidents : René FOURET, Libraire-Editeur.
Léon GRUEL, Relieur, Libraire-Editeur.

Secrétaires : P. MAINGUET, Libraire-Editeur.
PUEL DE LOBEL, Editeur d'Annuaires.

Trésorier : P. V. MASSON, Libraire-Editeur.

Sitôt nommé, le comité a adressé, le 15 avril 1903, une circulaire à toutes les personnes susceptibles de prendre part à cette exposition. Un second appel a été fait le 15 mai et un troisième fin juillet 1903.

Le 5 février 1904, le comité informait les exposants d'avoir à remettre leurs produits emballés au Cercle de la Librairie avant le 25 du même mois, l'expédition devant se faire à la date du 1er mars, afin que les colis fussent rendus à pied d'œuvre le 15 avril 1904. Il a été envoyé à Saint-Louis par les soins de l'American Express Company environ vingt tonnes de caisses.

Le comité avait décidé de faire une exposition homogène. Il avait chargé de la construction, de la décoration et du dessin du mobilier M. J. de Montarnal, architecte du Gouvernement et de la section française à Saint-Louis.

La surface occupée par les groupes à Saint-Louis dans le Palais des Arts Libéraux avait une superficie de 325 mètres carrés. L'aménagement comprenait de la surface murale, des bibliothèques et des vitrines. Les journaux et publications périodiques étaient placés sur deux tables à la disposition du public. La dépense totale pour les groupes XVII et XVIII s'est élevée à environ 50.000 francs.

L'organisation de la Librairie française, sa mise en valeur et sa représentation avaient été confiées à notre confrère, M. Emile Terquem, qui avait déjà assumé la même charge à Philadelphie en 1876 et à Chicago en 1893.

Un élégant catalogue illustré de la Librairie française à l'Exposition de Saint-Louis, tiré à près de 2.000 exemplaires reliés

Palais des Manufactures vu de l'angle sud du Palais des Arts Libéraux.

à titre gracieux par nos confrères MM. Engel, Magnier et Weill, fut offert aux commissaires-généraux, aux membres des Jurys et des comités et aux visiteurs de l'Exposition. Détail original : ce catalogue était formé par la réunion des catalogues succincts des éditeurs-exposants. Le nombre de quatre pages avait été fixé à chacun d'eux pour faire imprimer le sien sur papier uniforme, papier couché fourni par la maison Prioux et fils. Sur ces pages chaque exposant pouvait adopter telle disposition qu'il lui convenait et les faire tirer en noir et en couleurs par un imprimeur de son choix. Des gravures hors texte, et il y en a eu de fort belles, pouvaient être intercalées à la suite du catalogue de chaque maison. Ce catalogue, de l'aveu de tout le monde, a eu un succès des plus mérités.

II. — COMPOSITION DES GROUPES, CLASSIFICATION

L'Exposition universelle de Saint-Louis était divisée en 16 départements, 144 groupes et 804 classes. Le groupe XVII était réparti en sept classes, nos 56 à 62, comprenant les journaux, revues et autres publications périodiques, les collections d'ouvrages formant bibliothèques spéciales, les livres nouveaux et éditions nouvelles de livres déjà publiés, les dessins, atlas et albums, les éditions musicales, le matériel et les procédés

Palais du Gouvernement. — A gauche, le Palais des Arts Libéraux à droite, le Palais des Mines.

et produits de la brochure et de la reliure, enfin les spécimens de reliure, empreintes, reliefs, dorures.

Le groupe XVIII, réparti sur quatre classes, nos 63 à 66, comprenait les cartes et atlas géographiques, géologiques, hydrographiques, astronomiques, etc. ; les cartes physiques de toutes sortes, cartes topographiques, planes et en relief; les globes et sphères terrestres ou célestes, les ouvrages et tableaux de statistique, enfin les tables et éphémérides nautiques à l'usage des astronomes, des arpenteurs et des marins. Telle était la classification des deux groupes que nous avons eu à examiner et qui se trouvaient dans le département C ou des Arts Libéraux.

Le Palais des Arts Libéraux, qui abritait les produits de nos deux groupes, mesurait 250 mètres de longueur sur 180 mètres de largeur. Il contenait en même temps ceux des groupes XV (typographie, procédés divers d'imprimerie); XVI (photographie); XIX (instruments de précision, appareils de physique, monnaies et médailles); XX (médecine et chirurgie); XXI (instruments de musique); XXII (matériel et art théâtral); XXIII (arts chimiques et pharmaceutiques); XXIV (fabrication du

Monument commémoratif. Au fond le Festival Hall ; à droite, le Palais de l'Electricité.

papier); XXV (génie civil); XXVI (modèles, plans et devis de travaux publics); enfin le groupe XXVII (génie architectural). Si bien qu'on trouvait réunis dans ce vaste Palais des Arts Libéraux, à part quelques produits, peu importants, disséminés dans les pavillons respectifs de nations, les éléments complets pour étudier ce qui concourt à l'industrie du livre, qu'il s'agisse de matière première ou de produits manufacturés, depuis la pâte à papier jusqu'au livre terminé, en passant par la composition, les dessins et plans, les procédés d'illustration, l'impression, le brochage et la reliure.

III. — PARTICIPATION

Vingt pays avaient exposé dans le groupe XVII et treize dans le groupe XVIII. En voici la liste dans l'ordre alphabétique, avec le nombre d'exposants par nations pour chacun de ces groupes :

	Groupe XVII *Expositions*			Groupe XVIII *Expositions*	
1° Allemagne	151	dont	1 en collectivité	32	
2° Autriche	3	»	2 ministères	2	ministères
3° Belgique	13	»		4	
4° Brésil	100	»	79 journaux	18	(4 officielles)
5° Ceylan	7			2	
6° Chine	2	»	1 du Gouvernement	1	du Gouvernement
7° Cuba	48	»	21 journaux	0	
8° Etats-Unis	28			3	
9° France	125	»	1 en collectivité	6	
10° Grande-Bretagne	57	»	1 en collectivité	12	
11° Guatemala	1		du Gouvernement	0	
12° Hongrie	1			0	
13° Italie	14			0	
14° Japon	12			0	
15° Mexique	107	»	37 journaux	14	
16° Nicaragua	12			2	
17° Porto-Rico	18			0	
18° Portugal	7			1	
19° Répub. Argentine	76	»	68 journaux	5	
20° Siam	2		officielles	1	officielle
Totaux	784			103	

Il est à remarquer que la plupart de ces pays n'offraient que peu de spécimens d'ouvrages. En particulier le Brésil et le Mexique avaient envoyé en majeure partie des numéros de journaux exposés par la Presse de ces pays, ce qui explique le nombre élevé des exposants. D'autres, tels que l'Autriche, la Hongrie, la Chine, le Guatemala et le Siam, n'étaient représentés que par des publications officielles exposées par le gouvernement, les ministères ou administrations. D'autres enfin offraient un trop petit nombre d'ouvrages, soit dans l'ensemble, soit pour chaque exposant, pour qu'on pût se rendre compte de leur manière de faire.

On peut dire que la Librairie n'était largement et complètement représentée que par deux pays : la France et l'Allemagne. Les Etats-Unis, ce pays aux belles publications et aux procédés de reproduction merveilleux, avaient à peine exposé. Aux yeux des Américains de l'est, c'est-à-dire d'une région particulièrement riche en maisons d'édition de premier ordre, la ville de Saint-Louis n'était sans doute pas considérée comme assez importante à plus d'un point de vue et ne méritait pas un dérangement. Cette abstention a été remarquée autant par les nations étrangères que par la Presse américaine elle-même : elle a été profondément regrettable.

La Grande-Bretagne avait organisé une exposition collective que Mr Thomson, le distingué directeur du British Muséum, avait été chargé d'installer, tâche dont il s'est acquitté avec un goût des plus avertis. Les éditeurs anglais, n'ayant pas exposé individuellement, n'avaient donc pas pu nous donner une idée complète de l'ensemble de leur production respective. Ils avaient envoyé à Saint-Louis, à titre de spécimens, quelques-unes seulement de leurs meilleures publications, exposées dans des vitrines hermétiquement fermées, les livres, pour la plupart illustrés, ouverts par leur milieu. Il était ainsi donné au public d'avoir un vague aperçu de l'ensemble des éditions anglaises, mais nullement d'apprécier la valeur des productions de leurs éditeurs. Nous aurions aimé à voir des confrères anglais, comme les Murray, les Macmillan, les Stanford et tant d'autres, réunir chacun dans un espace approprié un choix important de leurs plus belles publications, la comparaison entre eux et leséditeurs des autres pays y eût gagné et l'étude de la production anglaise en eût été facilitée.

D'autres pays, tels que l'Autriche-Hongrie, la Belgique, l'Italie et le Portugal, avaient des expositions également trop restreintes.

L'Espagne, la Suède, le Danemark n'avaient pas exposé au groupe XVII. L'abstention du Danemark surtout a été regrettable, car ses reliures sont dignes en tous points de figurer à une place d'honneur parmi les reliures artistiques de notre pays.

Les Russes, par suite des événements d'Extrême-Orient, n'ont point exposé.

Parmi les pays de l'Amérique du Sud, quelques-uns comme le Brésil et la République Argentine, on l'a vu plus haut, avaient bien exposé un certain nombre de livres, mais surtout des journaux, sans valeur réelle au point de vue de l'impression ou de la reliure.

Le Japon avait envoyé des ouvrages qui, pour nous, Européens, sont marqués au coin de la plus grande originalité, quant à la forme. Leurs illustrations principalement ont attiré l'attention des visiteurs et dénotent un goût artistique des plus développés.

Quant aux expositions de Ceylan, Cuba, Guatemala, du Mexique, du Nicaragua, de Porto-Rico et du Siam, elles étaient reléguées dans les pavillons de ces pays et ne comprenaient qu'un petit nombre d'ouvrages, n'offrant qu'un intérêt secondaire au point de vue qui nous occupe.

En résumé, à part la France et l'Allemagne, pas de pays qui aient exposé d'une manière vraiment complète dans la librairie. L'Angleterre, n'ayant envoyé que des échantillons et les Etats-Unis, avec le nombre infime de maisons d'édition importantes qui ont daigné concourir, n'ont donné qu'une idée bien faible de la production intense de ces deux grands pays. Quant aux autres, ils ne pouvaient que venir au second plan, si on considérait l'importance de leurs expositions et leur degré d'avancement dans les procédés de fabrication ou l'établissement des éditions.

IV. — JURY DES RÉCOMPENSES

Le Jury des Récompenses pour le groupe XVII comprenait 18 membres pris parmi onze nations.

En voici la composition par pays dans l'ordre alphabétique :

Allemagne..........	2	Jurés	Grande-Bretagne....	1	Juré
Brésil..............	1	»	Japon...............	1	»
Ceylan.............	1	»	Mexique............	1	»
Cuba................	1	»	Nicaragua..........	1	»
États-Unis..........	5	»	République Argentine	2	»
France.............	2	»			

Le nombre total des membres du Jury international des récompenses devait représenter approximativement 2 % du nombre total des exposants. On peut voir que les Américains ne se sont pas appliqué ce pourcentage, puisque, pour 28 exposants seulement, ils se sont réservé cinq places dans le jury.

Il y a eu à Saint-Louis trois sortes de jurys :

Les Jurys de groupes,

Les Jurys de départements,

Le Jury supérieur.

Le groupe XVIII, ne réunissant pas le nombre requis d'exposants français, n'a pas eu de juré français pour le représenter et c'est nous qui fûmes appelé à défendre les intérêts de ce groupe devant le jury qui eut à le juger.

Le groupe XVII comptant 125 exposants français, comprenait deux membres français du jury. Chaque jury de groupe avait à élire un président, un ou deux vice-présidents et un secrétaire. D'après le règlement, le président et le secrétaire devaient être citoyens américains et les vice-présidents pouvaient être choisis parmi les membres étrangers.

Voici la liste des jurés, au nombre de 18, appelés à décerner les récompenses aux exposants du groupe XVII.

COMPOSITION DU BUREAU :

Président : W.-H. Woodward (États-Unis)
1er Vice-Président : A. de Graça Couta (Brésil)
2e Vice-Président : H. Le Soudier (France)
Secrétaire : H.-D. Chapin (États-Unis)

MEMBRES :

Dr. R. Volkmann (Allemagne)
Hermann Stilke (Allemagne)
P.-E. Pieris (Ceylan)
Fr. de Armas (Cuba)
H. Allen (États-Unis)
G. French (États-Unis)
Mrs Horace Smith (États-Unis)
F.-J. Jones (France)
Cyril Davenport (Grande-Bretagne)
Toko Noma (Japon)
D.-R. Le Vega (Mexique)
P.-J. Guerard (Nicaragua)
José de Olivares (République Argentine)
Benj. de Casteillo (République Argentine)

L'échelle suivante a été adoptée pour apprécier les mérites des expositions et déterminer les récompenses à leur décerner, 100 étant considéré comme indiquant la perfection :

60 à 74 Médaille de bronze
75 à 84 Médaille d'argent
85 à 94 Médaille d'or
95 à 100 Grand Prix

La notation 95 à 100 pour les grands prix ne laissait qu'une marge de 6 points, au lieu de celle de 10 ou 15 réservée aux récompenses inférieures. Elle avait sans doute pour but de pouvoir restreindre, le cas échéant, le nombre des grands prix dans les groupes comme le groupe XVII où l'attribution s'est faite au moyen du vote et a été particulièrement laborieuse.

MEMBRES DU JURY DE SAINT-LOUIS (GROUPE XVII)

H. Le Soudier (Paris) — H. Allen (New-York) — Dr. A. de Graça Couta (Rio-de-Janeiro) — Georges French (Boston) — Mrs. H. Smith (Chicago) — Herm. Stilke (Berlin) — W.-H. Woodward (St-Louis) — José de Olivares (Buenos-Ayres) — H.-D. Chapin (Chicago) — Dr. L. Volkmann (Leipzig) — J.-F. Jones (Paris)

Ce système devait impliquer, ce qui n'a pas été généralement le cas, une grande compétence parmi tous les membres du jury, sans laquelle les résultats menaçaient d'être faussés.

Commencées le premier septembre, les opérations du jury du groupe XVII étaient terminées le 15 du même mois. Le jury de département, qui avait pour mission de reviser les décisions des jurys de groupe, acheva ses travaux le 30 septembre et, aussitôt après, le jury supérieur se mit à l'œuvre, pour modifier ou ratifier en dernier ressort et sans appel l'ensemble des décisions.

Nous donnons ci-après le tableau des récompenses obtenues par les exposants des divers pays, qui étaient représentés dans le groupe XVII à l'Exposition de Saint-Louis.

V. — TABLEAU DES RÉCOMPENSES

GROUPE XVII

	Grands Prix	Médailles d'or	Médailles d'arg.	Méd. de bronze
Allemagne	15 dont 1 collect.	15	9	10
Autriche	2	1	»	»
Belgique	1	8	1	3
Brésil	4	11	14	35
Ceylan	»	1	1	3
Chine	2	»	»	»
Cuba	2	6	6	7
Etats-Unis	2	8	6	8
France	16 dont 1 collect.	21	9 dont 1 collect.	5
Grande-Bretagne	2 collectivité.	»	»	»
Guatemala	1	»	»	»
Hongrie	»	1	»	»
Italie	1	6	1	2
Japon	1	4	4	1
Mexique	3	10 dont 1 collect.	3	3
Nicaragua	»	3	1	3
Porto Rico	»	»	2	4
Portugal	»	1	2	2
République Argentine	1	7	20	21
Siam	»	1	»	»

GROUPE XVIII

	Grands Prix	Médailles d'or	Médailles d'arg.	Méd. de bronze
France	2	3	1 collective	1

Comme on le voit d'après ce tableau, les lauriers cueillis par les deux principaux concurrents, la France et l'Allemagne, ont été nombreux de part et d'autre. Malgré que le nombre des exposants allemands fût bien supérieur à celui des nôtres (151 contre 125) la France a eu l'honneur de voir le drapeau de la corporation de ses éditeurs tenu haut et ferme par nos compatriotes.

La lutte s'étant trouvée circonscrite entre la France et l'Allemagne, c'est sur ces deux pays que va s'arrêter plus particulièrement notre attention. L'étude complète et approfondie

Palais des Manufactures vu de l'angle nord du Palais des Arts libéraux.

des produits exposés nous a permis, en effet, de porter un jugement sur les publications de chacun d'eux. On le trouvera plus loin dans la partie de ce travail réservée à l'examen des expositions et dans notre conclusion.

FRANCE ET ALLEMAGNE

FRANCE ET ALLEMAGNE

BILAN DU COMMERCE DE LA LIBRAIRIE

En ce qui concerne leur production et leurs différents procédés de fabrication, les diverses expositions qui se sont succédé depuis 1893, époque où nous les avons étudiées en détail dans notre rapport cité plus haut, ont permis de les suivre dans leurs progrès, et nous avons pu constater à notre tour, que l'ensemble des produits ne différait pas sensiblement, à Saint-Louis, de ce que nous venions de voir à l'Exposition universelle de Paris en 1900. Nous n'aurons donc pas à donner d'autres appréciations que celles que nous donnions en 1893 ou que nos collègues ont présentées de leur côté en 1897 et en 1900. Les statistiques qu'on trouvera plus loin sont seules à retenir.

En effet, ce qui à notre sens est très intéressant et surtout très utile pour nous, Français, c'est d'étudier non pas tant les procédés de fabrication de nos concurrents immédiats, avec lesquels nous rivalisons très avantageusement, que l'ensemble de leur production et de leurs échanges, comme aussi les méthodes et les moyens employés par eux, pour répandre au loin cette production. Elle peut paraître, au premier abord, bien supérieure à la nôtre, mais c'est par l'effet d'un malentendu que nous allons essayer d'éclaircir en rendant à une statistique obscure sa véritable signification. Il est en effet indispensable de démontrer que, malgré l'avance plus apparente que réelle de l'Allemagne, nous pouvons, toutes proportions gardées, soutenir la lutte sans trop de désavantage, si nous nous appliquons à fortifier et à perfectionner nos procédés de publicité et de propagande, afin de posséder des instruments aussi puissants que ceux qui se trouvent aux mains de nos concurrents.

Il ne faut pas se dissimuler en effet que les exportations jouent à l'heure qu'il est un rôle prépondérant dans le commerce de la librairie. C'est grâce à elles, que doit s'écouler, à notre époque de production intense, le trop-plein des produits, qui ne trouvent pas un placement suffisant à l'intérieur du pays. De plus en plus la connaissance des langues étrangères se répand partout, les esprits curieux veulent savoir ce qui se passe à l'étranger et lire ce qui s'y publie. Il faut donc aller solliciter cette clientèle du dehors par tous les moyens.

C'est surtout entre la France et l'Allemagne que se répartit à l'étranger la vente des livres, imprimés dans une autre langue que l'anglais, principalement sur les vastes champs qu'offrent les Etats-Unis de l'Amérique du Nord, plus peut-être que les autres pays. C'est donc sur l'écoulement de nos livres à l'extérieur que doit porter toute notre attention. Après avoir établi quelle est l'importance de la production tant en France qu'en Allemagne et dans les autres pays, nous rechercherons quelle est la part des livres allemands et celle des livres français entrant dans la consommation extérieure. Nous aurons ainsi une conception nette de la position qu'occupent les deux principaux concurrents dans la lutte engagée pour la prépondérance du livre, c'est-à-dire de la langue et des idées, et nous apprécierons mieux quelles méthodes et quels moyens il convient d'employer pour assurer le succès.

I. — PRODUCTION ET AGENTS DE PROPAGATION

Tout d'abord nous allons donner pour les années 1902 et 1903 les chiffres de production, le nombre des libraires ou agents servant, tant en France qu'en Allemagne, à l'écoulement des livres, le nombre des organes de la presse dans les deux pays, enfin les exportations et importations de chacun d'eux.

		1902		1903	
		—		—	
Production	France	12.199 ouvrages		12.264 ouvrages	
—	Allemagne	26.906 —		27.606 —	
Libraires......	France : en France,	5.082 libraires		5.174 libraires	
	à l'Etranger,	Nombre insignifiant.			
Libraires......	Allemagne :				
	en Allemagne	7.514	9.771	7.875	10.259
	» Autriche	858		919	
	» Suisse	295		293	
	» Autres pays d'Europe	874		922	
	» Amérique	173		180	
	» Afrique	17		19	
	» Asie...............	30		31	
	» Australie...........	10		10	
Journaux	France.........	6.755 organes		8.220 organes	
—	Allemagne......	5.545 —		5.717 —	
Importations.	France.........	12.082.568 fr.		12.827.906 francs	
—	Allemagne......	30.310.000 fr.		36.135.000 francs	
Exportations.	France.........	30.232.440 fr.		36.863.309 francs	
—	Allemagne......	107.050.000 fr.		105.008.750 francs	

Voici également à titre de comparaison les chiffres suivants de production pour les autres pays :

	1902		1903	
	—		—	
Etats-Unis.	7.833	ouvrages	7.865	ouvrages
Grande-Bretagne.....	7.381	—	8.381	—
Italie................	6.033	—	6.155	—
Suisse	5.416	—	7.816	—
Hollande....	2.917	—	3.005	—
Belgique............	2.499	ouvrages	2.639	ouvrages
Autriche-Hongrie	2.199	—	2.198	—
Danemark...........	1.385	—	1.544	—
Norvège	697	—	712	—

Il est incontestable que l'Allemagne tient la tête dans ce tableau, qu'il s'agisse du nombre d'ouvrages publiés annuellement, du nombre de ses libraires ou de son mouvement d'affaires, tant à l'importation qu'à l'exportation. Il est bon d'ajouter aussi, que la librairie allemande est depuis longtemps douée d'une forte organisation, merveilleusement propre à écouler sa production, tant sur son territoire que dans les pays étrangers. Le nombre de ses agents, soit en Allemagne, soit en dehors de ses frontières, est tel que le chiffre élevé de ses exportations de livres ne doit pas nous surprendre. La centralisation des organes de la librairie à Leipzig, qui est le cœur de la librairie allemande ; les ramifications que cette dernière possède dans le monde entier, grâce à ses libraires qui n'ont pas craint de s'expatrier aux quatre coins de la terre ; l'apprentissage obligatoire des commis de librairie qui forment une armée de collaborateurs précieux ; un journal quotidien des plus complets et des mieux renseignés ; des matériaux bibliographiques parfaitement tenus à jour et sans lacunes ; enfin un système d'envois en dépôt pour une longue durée, avec règlement une fois par an seulement, tous ces facteurs contribuent pour beaucoup à donner à la librairie allemande une avance considérable.

Néanmoins, quand on examine de près les chiffres que nous venons de donner, il vient immédiatement à l'esprit de toute personne attentive et désireuse d'aller au fond des choses, qu'il peut être intéressant de décomposer ces chiffres pour leur faire dire ce qu'ils expriment réellement. Si nous pouvons arriver à démontrer par quels moyens ils sont obtenus, nous serons en mesure de tirer de cette étude à la fois un enseignement et un sérieux motif d'espérance pour les intérêts français dans l'avenir, à condition que nos producteurs sachent profiter de la leçon.

Ce chiffre formidable de plus de 27.000 ouvrages par an n'est pas atteint par l'Allemagne avec sa seule production. On ignore généralement qu'il est obtenu avec le concours de plusieurs pays, on pourrait dire de tous les pays. En effet, la statistique allemande présente en bloc la production de tout ce qui se publie en langue allemande un peu partout : dans l'Empire d'Allemagne d'abord, puis en Autriche-Hongrie, dans la Suisse allemande et enfin dans tous les autres pays, même en France. Considérons le chiffre de la population d'Allemagne, d'Autriche-Hongrie et de Suisse, pour ne parler que des pays qui fournissent le plus fort contingent dans la production des livres en langue allemande :

Empire d'Allemagne	56	millions	367.000	habitants
Autriche-Hongrie . .	47	—	143.000	—
Suisse	3	—	330.000	—
	106	millions	840.000	habitants,

soit pour les pays de langue allemande en Europe seulement, un total minimum de près de 107 millions d'habitants. Si l'on déduit de la population d'Autriche-Hongrie celle qui parle une autre langue que l'allemand, mais parmi laquelle le plus grand nombre parlent cette langue, qui est la langue officielle, ce chiffre se trouve ramené au bas mot à 100 millions. Or, la statistique que nous avons donnée pour la France ne comporte que les livres publiés dans notre pays même, et de plus le nombre de ses habitants n'atteint guère que 39 millions. Par conséquent, en produisant annuellement plus de 12.000 ouvrages, la France, en raison de l'étendue moindre de son territoire et du chiffre moins élevé de sa population, fait un effort supérieur à ceux réunis de l'Allemagne, de l'Autriche-Hongrie et de la Suisse avec leurs 27.000 ouvrages, à la publication desquels contribuent aussi les autres pays qui publient plus ou moins des livres en langue allemande.

Si on ajoute, et ceci a une grande importance puisqu'on parle de chiffres, qu'en France la statistique des imprimés ne peut se faire qu'au moyen du dépôt légal, c'est-à-dire sur les ouvrages déposés au Ministère de l'Intérieur à Paris par les imprimeurs, on verra que le chiffre annoncé de 12.000 ouvrages est au-dessous de la réalité, une foule d'imprimés n'étant pas déposés au ministère pour Paris ou dans les préfectures pour la province. La preuve réside dans ce fait que la Bibliothèque Nationale, qui doit recevoir un exemplaire de tout ce qui est déposé, se voit contrainte de faire de nombreuses et fréquentes réclamations au sujet d'ouvrages dont le dépôt n'a pas été fait. Disons en passant qu'il y aurait avantage à ce que le dépôt fût fait non par l'imprimeur, mais par l'éditeur qui y a un intérêt de premier ordre, puisque ses livres se trouveraient annoncés gratuitement dans la liste du dépôt, que publie chaque semaine la Bibliographie de la France. En outre, nos bibliographies seraient plus complètes et les achats de livres par là même plus étendus, car une foule de livres ou brochures des plus intéressants sont ainsi relégués dans l'oubli, leur existence n'étant connue que d'un petit nombre d'initiés. De ce qui précède, il résulte qu'on ne s'éloignerait certainement pas de la vérité en estimant au bas mot la production annuelle de la France à 15 ou 18.000 ouvrages, si ce n'est plus.

On peut donc, sans crainte d'être démenti, affirmer que le chiffre de 27.000 ouvrages que l'Allemagne déclare publier ne représente pas la production réelle de ce pays, pris isolément, que d'autre part celui de 12.000 ouvrages indiqué pour la France, par la seule statistique du dépôt légal, est notoirement incomplet et fort au-dessous de la réalité.

II. — CONSOMMATION

Si de la production nous passons à la consommation, nous verrons par le tableau de la page suivante que les chiffres qu'il accuse ont besoin d'être commentés et expliqués si l'on doit en tirer une conclusion. Encore cette dernière ne peut-elle être exacte que par approximation, car bien que les chiffres aient été obtenus d'après la statistique de chaque pays à l'importation, ils ne concordent pas toujours avec ceux présentés à l'exportation par les statistiques française et allemande.

Les données de cette statistique relevée dans chaque pays ne sont pas assurément l'expression rigoureuse de la réalité. Cela tient aux provenances diverses des livres, provenances qu'il est difficile, sinon impossible, de contrôler, car ils ne sont pas toujours fabriqués dans le pays d'où ils sortent.

Ainsi on n'ignore pas qu'un nombre considérable de livres et de périodiques français sont expédiés aux Etats-Unis par la voie anglaise et la voie allemande. Groupés soit à Londres, soit à Leipzig ou Hambourg, ils sortent ainsi des ports anglais ou allemands et sont considérés en Angleterre et en Allemagne comme importés dans ces deux pays, adressés qu'ils sont à un intermédiaire anglais ou allemand. A notre connaissance, de grosses librairies à New-York font expédier leurs achats de livres français à Londres pour y être groupés avec les livres anglais et être acheminés vers l'Amérique par Liverpool ou d'autres ports où le frêt est avantageux. D'autre part, d'importantes maisons de commission de Leipzig ou de Hambourg joignent à leurs envois de livres allemands des livres français qui partent ainsi sur des navires battant pavillon allemand.

Tout en n'accordant aux chiffres qu'une confiance limitée, puisqu'ils ne peuvent dans l'espèce être d'une exactitude rigoureuse, ils nous donnent pourtant des indications qui concordent, dans une certaine mesure, avec la réalité des faits, puisque ceux que

IMPORTATIONS DE LIVRES ÉTRANGERS DANS LES PAYS SUIVANTS (1) :

	ANNÉES	LIVRES FRANÇAIS importés	LIVRES ANGLAIS importés	LIVRES ALLEMANDS importés	LIVRES AUTRICHIENS importés	LIVRES ESPAGNOLS importés	LIVRES ITALIENS importés	LIVRES AMÉRICAINS (États-Unis) importés	LIVRES BELGES importés	LIVRES SUISSES importés	LIVRES PORTUGAIS importés
En Allemagne......	1903	3.982.000 M. (2)	2.465.000 M.	—	10.580.000 M.	—	—	1.333.000 M.	834.000 M.	4.346.000 M.	—
En Autriche-Hongrie	1903	95.000 C. (3)	54.000 C.	41.000.000 C.	—	1.600 C.	825.000 C.	316.000 C.	635.000 C.	606.000 C.	—
En Belgique........	1903	1.788.522 Kil.	88.386 K.	410.670 Kil.	—	—	—	—	—	—	—
Au Brésil........	1902	929.382 m. (4)	141.174 m.	188.746 m.	1.900 m.	24.288 m.	80.505 m.	104.454 m.	21.062 m.	3.189 m.	290.725 m.
	1903	795.562 »	446.113 »	240.968 »	103.298 »	22.535 »	81.310 »	233.946 »	15.340 »	29.450 »	307.917 »
A Cuba..........	1903	30.141 Kil.	1.964 Kil.	947 Kil.	—	123.159 Kil.	800 Kil.	116.000 Kil.	950 Kil.	—	—
Aux Etats-Unis.....	1902	210.927 dol. (5)	1.070.744 dol.	644.788 dol.	—	—	—	—	22.419 dol.	—	—
	1903	183.547 dol.	1.255.472 dol.	670.539 dol.	—	—	—	—	29.368 dol.	—	—
En Grande-Bretagne	1902	8.560.000 Fr.	—	7.925.000 Fr.	—	—	—	—	—	—	—
Au Guatémala......	1901	1.740 Kil.	4.820 Kil.	255 Kil.	—	1.800 Kil.	—	5.260 Kil.	—	—	—
En Italie..........	1903	517.260 Fr.	144.640 Fr.	745.480 Fr.	—	—	—	—	—	—	—
	1902	592.990 »	102.360 »	630.870 »	—	—	—	—	—	—	—
Au Japon..........	1903	15.191 Y. (6)	315.518 Kil.	93.990 Kil.	1.249 Y.	—	292 Kil.	55.856 Kil.	2.945 Y.	—	—
Au Mexique.......	1903	255.000 Kil.	10.000 »	25.000 »	—	150.000 Kil.	5.000 »	200.000 »	10.000 Kil.	5.000 Kil.	—
Au Portugal.......	1898	57.543.000 R. (7)	9.821.000 R.	5.724.000 R.	—	—	—	—	—	—	—
	1902	51.445.000 »	8.880.000 »	8.582.000 »	—	—	—	—	—	—	—
Rép. Argentine....	1903	68.000 Kil.	38.000 Kil.	12.000 Kil.	—	85.000 Kil.	50.000 Kil.	—	—	—	—

(1) Stastisches Jahrbuch; Tableaux du Commerce de la France; Rapports Consulaires.
(2) En marks à 1 fr. 25. (3) En couronnes à 1 fr. 05. (4) En milreis à 1 fr. 25. (5) En dollars à 5 fr. 20. (6) En yens à 2 fr. 55. (7) En reis à 5 fr. 60 les 1.000 reis.

donne notre tableau de production ont une certaine relation avec ceux de la consommation. Ainsi, exception faite pour les pays ayant la même langue que celle du pays d'origine où sont édités les livres importés, telle l'Espagne qui voit ses livres importés en grand nombre dans l'Amérique du Sud où l'espagnol est parlé, et l'Angleterre qui envoie aux Etats-Unis ses publications écrites dans une langue qui est celle de l'Amérique du Nord, on peut donner comme certain que nos livres ont un débouché plus large qu'il ne paraît, dans la République Argentine, le Brésil, Cuba, le Mexique. Au Guatémala nos importations viennent en importance après celles de l'Angleterre et des Etats-Unis, mais là aussi les marchandises en transit jouent un rôle très important au profit de ces deux pays. Par contre, en Italie nos importations de livres sont moins favorisées, et aux Etats-Unis nous semblons perdre du terrain, alors que la librairie allemande voit ses importations augmenter dans ce pays.

Toutefois il y a encore à faire ici une remarque qui, suivant nous, a son importance. Elle porte sur les retours de marchandises qui sont certainement plus abondants et plus nombreux pour l'éditeur allemand. Celui-ci fait en effet des dépôts sans compter, les répète plus souvent, puisqu'il publie beaucoup, et est exposé en conséquence à éprouver plus de mécomptes de ce côté que l'éditeur Français plutôt parcimonieux dans les envois d'office ou à condition qu'il fait à l'étranger. Le résultat pour le premier, s'il vend plus de livres, est aussi qu'il en reçoit en retour un plus grand nombre qui lui reviennent comme invendus. La quantité des livres ainsi retournés n'est pas négligeable au point de vue de l'estimation des chiffres d'importation du livre allemand dans les différents pays dont nous donnons le tableau ci-après ; car si l'exportation de la librairie de nos voisins atteint pour certains pays un chiffre supérieur aux nôtres, la statistique ne nous donne pas quelle somme de retours rentre chez les éditeurs allemands. Elle doit certainement s'accroître en proportion des envois en dépôt faits à profusion, comme ils ont lieu chez nos voisins. Pour Paris seulement, pour lequel nous avons une base certaine, on peut estimer les retours à plus de la moitié des envois reçus à condition.

Il y a donc, en ce qui concerne le chiffre de l'exportation allemande à l'étranger, quelques réserves à faire sur le résultat final. Les éditeurs allemands seuls pourraient donner une réponse à cette question ; mais il n'est pas téméraire d'affirmer que la moitié ou même les trois cinquièmes de leurs envois en dépôt, pas pour tous leurs livres mais pour une bonne partie, leur est retournée à la foire de Leipzig.

Un commentaire des chiffres publiés n'était donc pas inutile et de sérieuses réserves s'imposent tant sur la production que sur l'exportation de l'Allemagne. Certes, sa part est encore large et belle ; mais on peut s'étonner que malgré sa puissante organisation, ses moyens d'action non moins puissants, ses nombreux libraires et agents établis à l'étranger, elle ne domine pas plus encore qu'elle ne le fait le marché du monde, le marché américain surtout.

Il faut remarquer, en effet qu'un sixième de la population des Etats-Unis provient de souche allemande et qu'ils regorgent d'émigrés allemands, occupant des situations très bien rémunérées. Le bilan de cette émigration allemande nous est donné par le recensement américain de 1900, la conclusion en est courte, mais éloquente.

Il accuse parmi la population des Etats-Unis 2.700.000 habitants nés en Allemagne, 6.200.000 étant de souche allemande, c'est-à-dire les 8,2 % de la population totale des Etats-Unis et 1.600.000 étant nés d'un des époux né lui-même en Allemagne. De 1871 à 1902 l'immigration allemande s'est élevée à 2.560.000 âmes et de 1820 à 1903 à 6.500.000 âmes, la population qui en est résultée n'est pas moindre de 20 millions. Quant à la langue allemande elle est parlée dans le monde par 85 millions d'hommes dont 73 millions en Europe.

Malgré cette situation exceptionnelle si favorable à la vente des livres, les exportations allemandes de librairie vers les Etats-Unis n'ont été en 1902, en chiffres ronds, que de 6.779.000 marcs et même de 6.202.000 marcs en 1903 sur une exportation totale de plus de 85 millions de marcs en 1902 et de 84 millions de marcs en 1903. Voici du reste comment se répartissent par pays les échanges de l'Allemagne pour les années 1902 et 1903.

IMPORTATION DE LIVRES EN ALLEMAGNE

	1902 : 24.247.000 MARCS		1903 : 28.908.000 MARCS	
	Marcs	Kilogr.	Marcs	Kilogr.
Belgique	697.000	145.000	834.000	145.000
France	3.074.000	640.000	3.982.000	694.000
Grande-Bretagne	1.870.000	390.000	2.465.000	429.000
Pays-Bas	1.919.000	400.000	2.593.000	452.000
Autriche-Hongrie	9.818.000	2.046.000	10.580.000	1.843.000
Russie	853.000	178.000	1.119.000	195.000
Suisse	3.571.000	744.000	4.346.000	757.000
Etats-Unis	1.132.000	236.000	1.333.000	232.000

EXPORTATION DE LIVRES ALLEMANDS A L'ÉTRANGER

	1902 : 85.640.000 MARCS		1903 : 84.007.000 MARCS	
	Marcs	Kilogr.	Marcs	Kilogr.
Belgique	1.796.000	299.000	1.954.000	350.000
Danemark	1.228.000	205.000	1.176.000	211.000
France	3.193.000	532.000	3.319.000	595.000
Grande-Bretagne	5.402.000	900.000	5.986.000	1.073.000
Italie	1.340.000	223.000	1.146.000	205.000
Pays-Bas	3.986.000	664.000	3.936.000	705.000
Autriche-Hongrie	38.160.000	6.360.000	36.977.000	6.627.000
Russie	6.697.000	1.150.000	6.465.000	1.159.000
Suède	1.444.000	241.000	1.298.000	233.000
Suisse	10.150.000	1.692.000	9.984.000	1.789.000
Etats-Unis	6.979.000	1.163.000	6.202.000	1.111.000

Nous nous sommes efforcé d'établir clairement que l'effort de la Librairie française a été considérable, et que, si d'autres pays ont de l'avance sur elle, cette avance bien que notable, n'est pas telle qu'on l'a présentée. Il importe actuellement aux éditeurs français de redoubler d'efforts, s'ils veulent étendre encore leurs ventes à l'étranger et il le faut. Nous nous permettrons quelques conseils dans notre conclusion, mais nous devons formuler ici un

Parade de troupes américaines à l'Exposition de Saint-Louis.

vœu : c'est que quelques maisons d'édition, qui n'ont pas d'ailleurs exposé à Saint-Louis, veuillent bien se garder d'accueillir certain genre de littérature, qu'accentuent encore des illustrations peu recommandables. La pratique de ce genre, quelque infime que soit le nombre des maisons qui s'y prêtent, a jeté le discrédit sur les autres publications françaises et écarté de celles-ci une riche clientèle. Il est urgent d'enrayer un mal, qui par contrecoup pourrait atteindre toute l'édition de notre pays et empêcher la vente de nos livres en plusieurs pays étrangers.

Nous allons passer maintenant à l'examen des expositions françaises.

EXPOSITIONS FRANÇAISES

EXPOSITIONS FRANÇAISES

GROUPE XVII ET XVIII

LIVRES, MUSIQUE, RELIURE ET CARTES

La Librairie française a brillé d'un vif éclat à Saint-Louis, où on a pu admirer les belles publications de nos célèbres maisons d'édition et les reliures incomparables de nos relieurs qui sont tous des artistes. Un genre qui est une des spécialités de l'édition française et qui ne se trouve largement représenté qu'à Paris, c'est celui des livres tirés à petit nombre pour l'amateur et le bibliophile. Nous verrons plus loin, lors de l'examen des librairies qui se sont spécialisées dans cette branche, combien sont prisées ces publications de luxe. Elles ne comprennent que des œuvres de haute valeur, et les lecteurs goûtent le double plaisir d'avoir sous les yeux un texte irréprochable de leurs auteurs favoris et des illustrations d'un fini merveilleux. Les ouvrages d'un autre genre, qu'il s'agisse des mathématiques ou de l'art de l'ingénieur, de la médecine ou des sciences naturelles, de l'architecture ou des beaux-arts en général, de littérature, illustrés ou non illustrés, aussi bien que d'enseignement à tous les degrés, sont dignes en tous points de la renommée qu'ils ont acquise et méritent les succès qu'ils ont remportés.

Mais ce qui ne peut être imité dans aucun pays du monde, ce qui a rallié tous les suffrages et émerveillé les visiteurs étrangers à Saint-Louis, ce sont les chefs-d'œuvre de notre reliure française qui a recueilli, sous forme de récompenses décernées sans compter, la plus riche moisson de lauriers. Ainsi, sur son ancien territoire de la Louisiane, la France a su remporter dans cette branche de son industrie, une éclatante victoire, grâce aux efforts de ses éditeurs dans toutes les spécialités et à ses relieurs.

Les groupes XVII et XVIII comprenaient au total 131 Exposants ; les uns avaient tenu à exposer individuellement, les autres avec la collectivité du Cercle de la Librairie. Nous en donnons ci-après la liste alphabétique pour chaque groupe, en ajoutant après chaque nom la mention « collective » ou « individuelle », suivant le mode d'exposer que nos confrères avaient choisi.

LISTE DES EXPOSANTS

GROUPE XVII

Editeurs	*Exposition*
Alcan (Félix)	(Collective.)
Allemagne (D')	(Collective.)
Annales politiques et littéraires	(Collective.)
Belin Frères	(Collective.)
Belin (Théophile)	(Collective.)
Beranger (Ch.)	(Individuelle.)
Bernard et Cie	(Collective.)
Boyveau et Chevillet	(Collective.)
Brunoff (De)	(Individuelle.)
Bulloz (J. E.)	(Collective.)
Carteret (L.) et Cie	(Individuelle.)
Cercle de la Librairie	(Individuelle).
Chapelot (René) et Cie	(Individuelle.)
Charles-Lavauzelle	(Individuelle.)
Chrétien (Henri)	(Individuelle.)
Coulet (Camille)	(Individuelle.)
Danel (L.)	(Collective.)
Delagrave (Charles)	(Collective.)
Delmas (Gabriel)	(Collective.)
Delvaille (Georges)	(Individuelle.)
Depelley et Cie	(Individuelle.)
Digues	(Individuelle.)
Doin (Octave)	(Collective.)
Dreyfus-Bing (Paul)	(Collective.)
Ducher (E.)	(Collective.)
Ducloz (François)	(Individuelle.)
Durand (Auguste) et Fils	(Collective.)
Durel (Adolphe)	(Individuelle.)
Enoch et Cie	(Individuelle.)
Fenaille	(Collective.)
Ferroud (R.)	(Individuelle.)
Flammarion (E.)	(Collective.)
Floury (H.)	(Individuelle.)
Gauthier-Villars (Albert)	(Individuelle.)
Gautier (Henri)	(Collective.)

Editeurs	*Exposition*
Gedalge (J.)	(Individuelle.)
Gleize (J.)	(Collective.)
Goubaud (Abel)	(Collective.)
Gravier (Henri)	(Collective.)
Guérinet (A.)	(Collective.)
Guilmoto (E.)	(Collective.)
Hachette et Cie	(Collective.)
Hautecoeur (Jules)	(Individuelle.)
Hénon (H.)	(Collective.)
Hetzel (Jules)	(Collective.)
Hollier-Larousse et Cie	(Collective.)
Houssiaux (Alexandre)	(Collective.)
Huot (Jules)	(Collective.)
Jones (F. John) et Cie	(Hors concours, Membre du Jury.)
Joubert	(Collective.)
Lafitte (Pierre)	(Collective.)
Lanquest	(Individuelle.)
Laurens (Henri)	(Individuelle.)
Layus (Lucien)	(Collective.)
Lebon (Désiré)	(Individuelle.)
Lemerre (Alphonse)	(Collective.)
Lentz	(Collective.)
Le Soudier (H.)	Hors Concours, Membre du Jury.
Lévy (Emile)	(Collective.)
Librairie Armand Colin	(Collective.)
Mallemont	(Collective.)
Maloine (A.)	(Individuelle.)
Mame et Fils	(Collective.)
Masson et Cie	(Collective.)
Ministère des Colonies	(Individuelle.)
Mode Illustrée	(Individuelle.)
Monségur	(Collective.)
Nathan (Fernand)	(Individuelle.)
Navare (Albert)	(Individuelle.)
Nérini	(Collective.)
Nicolas (Dr A.)	(Individuelle.)
Nouvelle Revue	(Collective.)
Pelletan (E.)	(Collective.)
Petrucci	(Individuelle.)
Philipp	(Individuelle.)
Picard (Alcide) et Kaan	(Collective.)
Picard (Alphonse) et Fils	(Collective.)
Pichon (François)	(Collective.)
Plon-Nourrit et Cie	(Collective.)
Poulalion	(Individuelle.)
Pozzi (Dr Samuel)	(Individuelle.)
Puel de Lobel (Ernest)	(Collective.)
Revue de l'Art Ancien et Moderne	(Collective.)
Revue Illustrée	(Collective.)
Richtenberger (Eugène)	(Collective.)
Risacher	(Collective.)
Romagnol	(Collective.)
Rothschild (Dr Henri de)	(Individuelle.)
Rouquette	(Individuelle.)
Roustan	(Collective.)
Rouveyre (Edouard)	(Collective.)
Sarriau (Henri)	(Collective.)
Schleicher frères et Cie	(Individuelle.)

Editeurs	*Exposition*
SCHMID (Charles)	(Individuelle.)
SCHMOLL (Emile)	(Individuelle.)
SCHWOB (Jules)	(Collective.)
SOCIÉTÉ DES CENT BIBLIOPHILES	(Individuelle.)
SOCIÉTÉ FRANÇAISE D'EDITIONS D'ART	(Collective.)
SOCIÉTÉ DE PROPAGATION DES LIVRES D'ART	(Collective.)
SOUZE (Paul)	(Collective.)
TALLANDIER (Jules)	(Collective.)
TARIDE	(Collective.)
TERQUEM (Emile)	(Collective.)
THEZARD (Emile)	(Collective.)
VALETTE (René)	(Collective.)
VERMOT	(Individuelle.)
VIGUES	(Individuelle.)

Relieurs	*Exposition*
AFFOLTER	(Individuelle.)
BAHON-RAULT	(Individuelle.)
CHAMBOLLE-DURU	(Individuelle.)
COURS PROFESSIONNELS de la Chambre syndicale de la reliure et de la brochure	(Individuelle.)
DAVID (Salvator)	(Individuelle.)
ENGEL (Michel)	(Individuelle.)
GRUEL (Léon)	(Individuelle.)
KIEFFER (René)	(Individuelle.)
LORTIC	(Individuelle.)
MAGNIER (H.) ET FILS	(Individuelle.)
MERCIER (Emile)	(Individuelle.)
RUBAN (Petrus)	(Individuelle.)
SAINT-ANDRÉ DE LIGNEREUX	(Individuelle.)
WEILL (Henri)	(Individuelle.)

GROUPE XVIII

Editeurs-Géographes	*Exposition*
BARRÈRE (Henri)	(Individuelle.)
BOURDIER (Philippe)	(Individuelle.)
ERHARD frères	(Individuelle.)
FOREST (J.)	(Individuelle.)
GEORGIO (Paul-Jean)	(Individuelle.)
MINISTÈRE DES COLONIES	(Individuelle.)
ROBERT (Ulysse)	(Collective.)

GROUPE XVII

LIVRES ET MUSIQUE

La librairie Félix ALCAN date de 1828, époque où elle fut fondée par Germer-Baillière. M. Félix Alcan, ancien élève de l'Ecole normale supérieure, y entra comme associé en 1875 et en devint seul propriétaire en 1883. Il s'est consacré principalement aux publications d'enseignement supérieur dans les branches suivantes : sciences médicales, physiques et naturelles, philosophie, sociologie, histoire. Il a publié aussi des livres d'enseignement secondaire, d'enseignement primaire supérieur et de vulgarisation. A Saint-Louis, la librairie Alcan avait exposé des ouvrages publiés depuis 1899 dans ses diverses collections, qui comprennent un ensemble d'ouvrages dus à la plume des savants les plus distingués de la France et de l'Etranger : la « Bibliothèque de philosophie contemporaine » fondée en 1865, comprenant actuellement 500 titres ; la « Bibliothèque scientifique internationale, section française » fondée en 1874, comptant 102 volumes ; la « Bibliothèque générale des sciences sociales » remontant à 1898 avec 22 volumes ; la « Bibliothèque d'Histoire contemporaine » avec 115 titres publiés depuis 1867 ; le « Recueil des instructions données aux ambassadeurs de France », 17 volumes publiés.

Un grand nombre d'ouvrages français de ces collections, surtout des deux premières, ont été traduits en langues anglaise, allemande, russe, et italienne. A signaler encore le « Manuel d'histologie pathologique », par Cornil et Ranvier ; l' « Anatomie végétale » par Belzung ; les « Affections du Cœur », par Lagrange.

Les périodiques que publie cette librairie ne sont pas moins importants. Tels : la « Revue Philosophique », les « Annales des sciences politiques », la « Revue historique », la « Revue de Médecine », la « Revue de Chirurgie », le « Journal de l'Anatomie et de la physiologie », la « Revue de l'Ecole d'Anthropologie, » etc. La maison Alcan, comme on le voit, occupe une des premières places parmi les librairies scientifiques.

M. F. d'Allemagne avait exposé trois ouvrages dont il est l'auteur : « Histoire du luminaire », « Histoire des Jeux », et « Histoire des Jouets », du plus grand intérêt pour les spécialistes.

Les Annales politiques et littéraires ont été fondées en 1883 et ont pour directeur M. Adolphe Brisson, l'érudit et fin critique théâtral du journal « Le Temps ». Cette revue s'adresse à tout le monde ; son grand succès vient de sa forme littéraire et honnête qui en fait une lecture de famille par excellence, ayant des lecteurs dans toutes les parties du monde. C'est la revue hebdomadaire qui a le plus grand tirage en France. Actuellement elle forme 42 volumes de 600 à 800 pages, et chaque numéro comprend 28 pages de texte, plus un supplément illustré de 4 pages, un autre supplément « La Femme » et un troisième « La Veillée », alternant avec celui de « la Femme ». Les Annales ont aussi publié quelques ouvrages du grand critique théâtral Sarcey : « Quarante ans de théâtre » en 8 volumes et le « Journal de Jeunesse » du même écrivain.

La librairie Belin Frères, une de nos plus grandes librairies classiques, fut fondée en 1847. On peut dire que ses publications répondent à tous les programmes, qu'il s'agisse de livres d'enseignement primaire dans ses diverses branches, ou d'enseignement secondaire, tous dus à la plume des maîtres de l'enseignement, qui ont été la gloire de l'Université et ont aidé à maintenir, avec le fondateur Eugène Belin et ses successeurs, le bon renom de cette grande maison d'Edition.

Parmi les livres exposés, tous d'une excellente exécution, il faut signaler la « Méthode d'Ecriture » de Flament; la « Lecture courante » de Brune, qui a eu un succès sans précédent en librairie ; la « Grammaire » de Lebaigue et de Leclair et Rouzé ; le « Dictionnaire» de Bénard ; l' « Histoire » de Blanchet ; la « Géographie » de Dubon et Lacroix ; celle de Pigeonneau ; les « Lectures géographiques » de Lanier, répertoire aussi complet qu'intéressant et constamment tenu à jour ; les Atlas de Drioux et Leroy, etc.., et les collections d'auteurs annotés par tout ce que compte d'érudits l'Université de France, autant de livres familiers pour les élèves de nos écoles et de nos lycées, qui y ont puisé les plus solides connaissances depuis un demi-siècle. La librairie possède près de Paris, à Saint-Cloud, une imprimerie qui date de la fin du XVIIIe siècle, avec de vastes ateliers de cartonnage.

M. Théophile BELIN a fondé sa maison en 1875. S'occupant des livres rares, il fut amené, en voyant de curieux spécimens des livres à gravures du XVIIIe siècle, à publier quelques beaux volumes, entre autres « Paris dansant » avec illustrations en couleurs d'après les dessins de Willette, et les « Amours de Psyché et Cupidon » par La Fontaine, illustrations en couleurs d'après les dessins de Borel. Pour ce dernier surtout, l'effort de l'éditeur a été considérable. Les dessins originaux ont été achetés en vente publique, à un prix très élevé, puis gravés sur 26 planches tirées en couleurs. Le tirage des bistres, eaux-fortes et la décomposition des planches qui se trouvaient à la fin du volume, l'impression du texte par Chamerot et Renouard, sur papier fabriqué spécialement, et avec des caractères fondus tout exprès, les frais de cartonnage, etc... représentent une fortune. Aussi, peut-on dire que c'est un des plus beaux volumes publiés depuis un demi siècle, et pour l'établir, toute idée de bénéfice a-t-elle dû être écartée. Ajoutons que la manière de graver, qui a été employée, est celle usitée au XVIIIe siècle pour les plus belles estampes en couleurs et entre pour plus de la moitié des frais dans la confection du volume.

La librairie BÉRANGER, ancienne maison J. Baudry, fondée

en 1863, édite des ouvrages de sciences appliquées à toutes les branches de l'industrie. Son activité s'est portée aussi bien sur l'électricité que sur les industries chimiques, le tissage, la filature, la métallurgie, les mines, les chemins de fer, les ports, les grands travaux publics, routes, canaux et aussi la géologie. M. Béranger, ancien élève de l'Ecole polytechnique et de l'Ecole nationale des Mines, était certes admirablement placé pour développer sa librairie comme il l'a fait depuis qu'il en est seul propriétaire, c'est-à-dire depuis 1899. C'est avec son concours et sous la direction du Ministère des Travaux Publics, que se publie l'admirable « Carte Géologique de la France » au 1 : 80.000 qui comprend maintenant 222 feuilles sur les 267 à paraître et qui rend à l'industrie et à l'agriculture des services inestimables. Une de ses plus belles collections est l' « Encyclopédie des Travaux publics » qui réunit comme auteurs tous les professeurs de notre belle Ecole des Ponts et Chaussées et les ingénieurs les plus en renom.

Son catalogue s'est accru d'une manière considérable et les progrès réalisés par cette maison dans les vingt dernières années sont remarquables à tous égards. Les efforts de cet éditeur ont eu les résultats les plus fructueux pour la science et l'industrie de notre pays.

Nos confrères se rappellent la modeste librairie que M. Bernard occupait rue de Thorigny en 1875, époque où il la fonda. A proximité de l'Ecole Centrale, il s'occupait principalement d'ouvrages techniques à l'usage de l'ingénieur. Quand cette grande Ecole transporta son siège rue Montgolfier, la librairie Bernard déménagea et s'installa quai des Grands Augustins. Enfin il y a quelques mois elle choisit rue de Médicis un nouveau et vaste local. Grâce à des efforts continus, la maison s'est développée et occupe dans sa spécialité une place marquante. C'est elle qui édite l'important recueil des « Annales des ponts et chaussées », publié par le Ministère des travaux publics, recueil des mieux documentés et qui est répandu dans le monde des ingénieurs de tous les pays. C'est chez elle également que se trouvent les grandes collections de l' « Ecole du génie maritime » publiées sous la direction de MM. Bertin et Madamet; les « Cours professés à l'Ecole des Arts et Métiers » ; l' « Annuaire des Travaux publics » ; les ouvrages de M. A. Witz, ingénieur de l'École centrale sur les moteurs à gaz et à pétrole ; le « Cours d'électricité industrielle » par Monnier ; enfin un ouvrage des plus remarquables, les « Notes et formules de l'ingénieur et du constructeur » qui s'adresse à toutes les personnes s'occupant de mécanique, électricité, chemins de fer, mines et métallurgie, vient d'atteindre sa quatorzième édition. Ce succès, sans précédent dans la librairie technique, est dû principalement aux soins apportés par l'éditeur à tenir les notes et formules au courant de tous les progrès accomplis. Il fait appel à toutes les bonnes volontés, afin qu'on lui signale les améliorations et additions nécessaires. A citer encore le « Cours de mécanique appliquée aux machines » de Boulvin et l' « Alimentation en eau et assainissement des villes » par Trubeaux. Comme périodiques, outre les « Annales des Ponts » citées plus haut, il publie « la Bière et les boissons fermentées » et « la Glace et les Industries du froid ».

La maison Bernard possède à Courbevoie, près de Paris, une importante imprimerie où se trouve réuni tout ce qui concerne la fabrication du livre : typographie, autographie, photographie, phototypie, clichage et brochage et qui occupe 120 personnes.

La librairie Boyveau et Chevillet, établie à Paris depuis 1840, s'occupe d'importation de publications anglaises et aussi en d'autres langues ; c'est une des plus anciennes de Paris. A sa librairie de détail elle a joint, depuis quelques années, la vente et la publication de tout ce qui concerne les codes télégraphiques pour l'abréviation et le secret des dépêches.

MM. de Brunoff et Cie ont fondé leur maison en 1901. Ils n'ont exposé qu'un ouvrage, mais qui, par son importance, ses illustrations, son impression, en un mot par les efforts et le prix qu'a coûté son établissement mérite d'être signalé tout particulièrement. C'est la « Sainte Bible » illustrée par James Tissot, dont le premier volume, « l'Ancien Testament », paru en 1904, était seul exposé à Saint-Louis, recouvert d'une magnifique reliure. Pour reproduire les aquarelles originales de l'auteur, on a employé, au lieu de chromolithographie, la chromotypographie en trois, quatre ou cinq couleurs, suivant la difficulté de reproduction. Au lieu d'être faite sur du papier couché, trop peu durable, l'impression s'est faite sur papier du Japon, papier à la cuve et papier du Marais, en remontant toutes les gravures du volume au moyen de la machine et d'un procédé spécial. *(Voir spécimen à la page 49.)*

M. Jacques-Ernest Bulloz a fondé sa maison en 1897. Ses publications ont pour but de faire connaître les collections d'art et sont obtenues par les procédés inaltérables. Elles sont accompagnées des plus belles impressions de grand luxe de l'Imprimerie Nationale. Tels sont les « Pastels de La Tour », les « Dessins de Ingres de Montauban » et les « Portraits dessinés de Ingres » qui figuraient à Saint-Louis et dont le prix varie de 500 à 2.000 francs. Ces trois publications, accompagnées de texte et de grandes planches au charbon, ont été couronnées par l'Académie française. Citons encore les « Fresques de Flandrin » et « l'Œuvre de Rodin ». Toutes ces œuvres se trouvent dans les grands musées et bibliothèques. On se rend facilement compte des services que rendent ces publications très coûteuses et très lourdes à établir, quand on pense aux ressources qu'offrent ces reproductions pour l'étude des beaux-arts et au vide qu'elles combleraient au cas où les originaux viendraient à être détruits ou à disparaître. Si l'on ajoute que les soins personnels qu'elles réclament sont constants, et très restreints les bénéfices matériels que l'on peut attendre de ces publications, qui ne s'adressent pas au gros public, on se rendra compte que leur éditeur en a plus de mérite à les établir.

La librairie de MM. Carteret et Cie, successeurs de L. Conquet, bien connue pour ses beaux livres tirés à petit nombre, a été fondée par ce dernier en 1875. Elle ne publie que des ouvrages artistiques, si prisés des amateurs, auxquels ils s'adressent exclusivement. Il ne faut pas considérer l'ensemble de ce genre de productions comme des productions industrielles, car le nombre des acheteurs ne peut pas être augmenté. Il y a dix ans, le nombre de ces derniers était de 500, maintenant il est tombé au chiffre de 300.

377. LE PALMIER. Psaume XCI, v. 12, 13. *J.-J. T.*

" Le juste fleurira comme le palmier, et il se multipliera comme le cèdre du Liban. Ceux qui sont plantés dans la maison du Seigneur fleuriront à l'entrée de la maison de notre Dieu. "

ILLUSTRATION EXTRAITE DE LA " SAINTE BIBLE " (ANCIEN TESTAMENT) DE J. JAMES TISSOT, ÉDITÉ PAR M. DE BRUNOFF & Cie, ÉDITEURS-IMPRIMEURS, ∘ ∘ 4, PLACE DENFERT-ROCHEREAU, PARIS ∘ ∘

La consommation se trouve donc de plus en plus limitée, puisque par le prix des ouvrages et le fini des illustrations, la beauté de l'impression et du papier, en un mot, par le luxe de l'ensemble, elles s'adressent, non pas à la masse, mais à l'élite des amateurs, qu'il faut retenir par une quasi perfection. Parmi les ouvrages exposés, citons les plus remarquables : « Gringoire » par Th. de Banville, « Bruges la Morte » par Rodenbach, « Le Broyeur de lin » par Renan, « La Femme de trente ans » par Balzac, « La double Méprise » par Mérimée, avec des aquarelles de Bertrand, gravées en couleurs et imprimées à la poupée spécialement pour l'exposition ; son prix est de 500 francs.

Le Cercle de la Librairie a été fondé en 1847. C'est le centre des industries du livre, car il groupe trente-six chambres syndicales, sociétés, ou associations appartenant toutes à nos industries. Il compte actuellement près de cinq cents membres, appartenant à toutes les professions, qui concourent à la fabrication du livre et à la diffusion de la pensée et des arts. Il a son siège boulevard Saint-Germain, dans le magnifique hôtel que lui a construit l'éminent architecte, Charles Garnier, et qui fut inauguré le 4 décembre 1879. C'est au Cercle de la Librairie que se publie la « Bibliographie de la France », créée en 1811. Dans les diverses expositions qui se sont succédées depuis 1873, le Cercle a toujours été mis hors-concours, ou a reçu les plus hautes récompenses. A Saint-Louis il a reçu le Grand Prix.

M. René Chapelot, comme notre confrère M. Béranger, dont nous étudions plus haut l'exposition, est un ancien élève de l'Ecole polytechnique, mais c'est surtout au développement des ouvrages sur l'art militaire, la tactique et la stratégie, qu'il a consacré ses efforts. « L'Infanterie » du général Bonnal, « La Tactique des trois armes » du général Kessler et les « Etudes sur le combat » du colonel Ardant du Picq ont surtout attiré notre attention. Parmi les ouvrages d'histoire militaire ou de critique historique, citons « L'esprit de la guerre moderne » du général Bonnal.

M. Chapelot a prêté son concours le plus large à la section historique de l'Etat-major de l'armée dont les publications exposées au nombre de 55, et on en connaît l'importance, ont vu le jour dans l'espace de près de trois années. Qu'il nous suffise d'en citer quelques titres : « Campagnes du Maréchal de Saxe », « Campagnes de 1793 en Alsace », « de 1794 à l'armée du nord », « de 1800 en Italie », « de 1805 en Allemagne », « de 1812 en Russie », « Projet et tentatives de débarquement aux Iles Britanniques de 1793 à 1805 », « Historique de la Guerre 1870-1871 », auxquels on peut rattacher également les publications de l'Etat-major de l'armée sur les campagnes contemporaines. Au point de vue maritime, outre la « Revue maritime » et le « Mémorial du Génie maritime », il faut citer de très intéressants travaux sur les questions maritimes ainsi que tous les « Règlements » concernant la flotte. Il faut signaler aussi certains ouvrages remarquables de sport, entre autres le bel ouvrage de grand luxe du général Faverot de Kerbrech « L'art de conduire et d'atteler » qui s'adresse aux sportsmen et aux amateurs de beaux attelages. La maison publie de nombreux périodiques qui font autorité en matière militaire : le « Bulletin officiel du Ministère de la Guerre », le « Journal des sciences militaires » auquel sont attachés les premiers écrivains de l'armée française ; la « Revue militaire des armées étrangères », la « Revue maritime » et le « Mémorial du Génie maritime » déjà cités plus haut; enfin depuis 1901, la « Revue d'histoire » rédigée au Ministère de la Guerre. A côté de sa maison d'édition, M. Chapelot dirige une imprimerie importante, où il imprime non seulement ses propres ouvrages, mais aussi tous les imprimés nécessaires à l'administration et à la comptabilité des corps de troupes et des états-majors.

La maison Charles-Lavauzelle, l'émule de la précédente, a été fondée en 1831. Elle possède aussi une imprimerie des plus importantes, située à Limoges, et, s'occupant exclusivement de publications militaires, elle s'intitule « Imprimerie-Librairie des Armées de Terre et de Mer ». En plus des nombreux annuaires spéciaux à chaque arme ou service : « Officiers généraux ou assimilés », « Officiers d'Infanterie», « Officiers de cavalerie», « Officiers du Génie », Annuaires « du Recrutement », « du Ministère des Colonies », « des Administrateurs coloniaux », « des Troupes coloniales », « Annuaires de l'Armée et de la Gendarmerie », « Agenda de l'Armée française », elle a exposé les œuvres d'écrivains militaires français comme le colonel Dubois, général Faurie, général Galliéni, général Niox, colonel Rousset, général Trochu, général Voyron. Les auteurs étrangers en sont pas moins marquants : de Moltke, de Verdy du Vernois, généraux Marazzi, de Seydlitz, Clausewitz, Pouzerewski, von der Wengen et Dragomiroff.

Les périodiques exposés étaient nombreux : « France militaire », seul journal quotidien militaire français ; l' « Echo de la Gendarmerie nationale », la « Revue d'Infanterie », la « Revue militaire universelle », le « Spectateur militaire », la « Revue des troupes coloniales », la « Revue de l'Intendance militaire », le « Mémorial de la Gendarmerie », le « Bulletin militaire ».

C'est l'imprimerie Charles-Lavauzelle qui imprime et fournit les règlements — et ils sont légion — concernant les divers services de l'armée. Ces règlements sont tenus constamment à jour; aussi la composition en est-elle conservée, de même que celle des innombrables modèles d'imprimés et de registres en usage dans l'administration militaire, qu'elle imprime également. On jugera de l'importance du matériel typographique ainsi employé, quand on saura qu'il est conservé plus de 20.000 tableaux pour les modèles et plus de 300.000 pages pour les règlements. On peut imaginer par ces chiffres les transformations qu'a subies la petite imprimerie de Limoges de 1831, devenue un vaste établissement où fonctionne le matériel le plus perfectionné et qui comprend la fonderie des caractères, la galvanoplastie, la clicherie, la composition, les machines et la reliure. La librairie Charles-Lavauzelle a une maison de vente et un dépôt général à Paris.

M. Henri Chrétien, de Saint-Denis, île de la Réunion, avait envoyé une collection de ses ouvrages.

La librairie de M. Camille Coulet, fondée par Pitrat, fut acquise par lui en 1862. Sous sa direction très active, elle est devenue une maison des plus importantes de province. Elle se spécialisa tout d'abord dans la publication des travaux des maîtres de la faculté de médecine de Montpellier et des œuvres locales. Elle est maintenant connue surtout comme librairie de la viticulture, car elle se consacre aussi aux publications agricoles, principalement viticoles, et publia successivement des ouvrages qui furent vite recherchés par les spécialistes. A cette branche, elle joignit bientôt des ouvrages de médecine et acquit comme maison d'édition de la province un renom justement mérité. Parmi les ouvrages exposés il faut citer : la « Description des cépages » par Marès, avec de nombreuses lithographies ; « Cours de viticulture » par Foix avec 6 cartes en chromo et 600 figures ; « Mal de la vigne » par Viala ; « Une mission viticole en Amérique » par le même auteur. Dans la partie médicale : « Maladies du système nerveux » par Grasset, deux volumes illustrés de 33 planches lithographiques et 122 figures ; « Consultations médicales » et enfin un bel ouvrage par d'Aiguefeuille intitulé « Histoire de Montpellier » en quatre volumes illustrés.

La description de l'exposition de l'imprimerie L. Danel, de Lille, aurait plutôt sa place dans le rapport de notre collègue du groupe XV, mais cette maison ayant exposé des volumes dans notre groupe, nous ne pouvons que nous féliciter d'avoir ainsi l'occasion d'en parler. Du reste, les ouvrages exposés sont autant de travaux qui témoignent du fini et de l'excellence de tout ce qui sort des presses de cette imprimerie deux fois séculaire, honorée à toutes les expositions des plus hautes récompenses. Tels sont le « Catalogue de la Collection Dutuit », que tout le monde a pu admirer au Petit Palais à Paris, le « Catalogue du baron James de Rothschild » ; le « Catalogue de Henri Beraldi », le « Catalogue de l'Exposition de Paris de 1889 », le « Catalogue de l'Exposition de Paris de 1900 ».

L'imprimerie L. Danel, dont la fondation remonte à 1698, a à sa tête quatre associés : MM. Emile Bigo-Danel, Louis Danel, Omer Bigo et Liévin Danel, tous parents ou alliés. Dans leur établissement est exécuté tout ce qui concerne l'imprimerie, la fonderie de caractères, la composition, l'impression, la reliure, la lithographie, la chromotypographique, qui comprend les croquis, la gravure, la simili-gravure, la stéréotypie, l'impression, le gommage, la coupe, etc. Elle s'occupe particulièrement des travaux administratifs et commerciaux et emploie 750 ouvriers. C'est une des forces les plus importantes de notre industrie et qui jette sur elle un éclat dont on peut être fier à juste titre.

La librairie Charles DELAGRAVE date de 1839 et, pendant les 65 dernières années, elle n'a pas cessé de progresser et d'étendre le champ de ses publications. Son catalogue comprend plus de 5.000 volumes signés des noms les plus célèbres dans l'enseignement à tous les degrés. Elle publie annuellement une moyenne de 150 volumes et met en circulation plus d'un million d'exemplaires. Ses livres d'enseignement primaire et particulièrement les quarante volumes de la collection Cazes sont dans toutes les écoles de France. Ses périodiques, dont chacun possède une valeur originale, intéressent tout le monde dans le domaine géographique, aussi bien les professeurs que la femme et l'enfant. Un département spécial comprend le matériel scolaire, fabriqué par cette maison sur une vaste échelle, depuis les plus petits objets jusqu'aux tableaux, tables et bancs de classes.

Parmi les ouvrages exposés, il faut citer le « Dictionnaire de la langue française » par Darmestetter, Hatzfeld et Thomas, véritable monument élevé à notre langue, le « Manuel de la littérature française » par Brunetière, de l'Académie française, et l'« Histoire de la littérature française », par le même savant académicien, enfin les « Œuvres de Vigny ». Les périodiques suivants étaient également exposés : La « Revue de Géographie », la « Revue Pédagogique », le « Saint-Nicolas », les « Arts de la Femme », « La guerre russo-japonaise » et la « Educacion moderna ».

Un imprimeur de province, M. Gabriel DELMAS, de Bordeaux, avait envoyé à Saint-Louis les Annuaires et guides qu'il a édités, tels que l'« Agenda-Annuaire Delmas » créé en 1885, l' « Annuaire bordelais » de la même date ; le « Nouveau Guide bordelais Delmas », le « Livre-Guide bordelais illustré », le « Guide aux plages girondines », ces deux derniers créés en 1898. Ces divers annuaires et guides tirent chaque année à des nombres importants variant de 10 à 20.000 exemplaires. Ce qui distingue les trois derniers ouvrages cités, c'est, à côté d'illustrations très intéressantes, la partie littéraire descriptive, qui en fait autre chose qu'une sèche nomenclature et rend ces guides aussi attrayants que des livres de lecture.

Les deux exposants suivants, M. DELVAILLE et M. DIGUES avaient envoyé, le premier, son journal « L'agriculture et l'horticulture à l'école », destiné à être introduit dans les écoles à l'effet de développer le goût des choses agricoles et de provoquer la création de jardins d'expérience, où les enfants se familiarisent avec l'art de la culture; le second « Les dessins de Louis Leloir, pour le théâtre de Molière » reproduits en fac-simile d'après les originaux lesquels sont en partie détruits et introuvables, et un « Portrait de Molière d'après le tableau de Mignard du Musée Condé à Chantilly ». Ces reproductions d'un caractère très artistique sauveront de l'oubli les merveilleux et uniques dessins de Louis Leloir, le seul artiste peut-être jusqu'ici, qui ait fidèlement interprété l'œuvre du grand écrivain.

La maison J. DEPELLEY et Cie de Limoges avait exposé à la fois pour l'édition et pour la reliure. Comme éditeurs la spécialité de MM. Depelley et Cie porte sur les livres religieux et principalement sur les paroissiens, missels, livres de prière. Fondée en 1886, sous la raison sociale Dalpayrat et Depelley, elle a lutté avec énergie pour relever la librairie limousine, alors peu prospère, et, grâce à ses efforts, elle est arrivée rapidement à se placer au premier plan dans sa spécialité par ses éditions et ses reliures de luxe, comme aussi par l'ensemble de sa production. Celle-ci comprend tous les genres de la spécialité religieuse et s'élève annuellement à un chiffre d'affaires très important, qui porte sur un nombre considérable de volumes en langues française et étrangères. Plus de 300 ouvriers et employés sont occupés dans l'établissement. Nous devons appeler l'attention sur ce fait, presque sans précédent pour une maison d'édition de province, d'être, dans le court espace de dix années à peine, arrivée au premier rang dans sa spécialité. C'est un exemple d'activité et de travail soutenu, qui mérite d'être signalé ici.

Nous avons remarqué, entre autres, la « Parcimonie des quatre saisons », volume de 1.000 pages sur papier mince et opaque, un « Missel » de forme allongée avec encadrements en couleurs, reproduisant des manuscrits du moyen âge avec impression très soignée, un autre « Missel romain » avec encadrements en couleurs; le « Missel de la vie de Jésus » et le « Missel des Gloires de l'Église » remarquables par la richesse des illustrations, le fini de la gravure et un tirage irréprochable.

Les reliures des volumes exposés n'étaient pas moins dignes d'attention que leur contenu ; tels, « La Côte d'azur », volume in-quarto recouvert d'une reliure d'amateur avec dorure aux petits fers et gardes d'un goût et d'un travail exquis. A citer aussi des reliures dites « de Vienne », car jusqu'ici cette capitale en avait le monopole, qui se font couramment et avec grand succès depuis quelques années dans les ateliers de la maison Depelley; enfin des reliures très originales avec émaux de Limoges et des reliures veau antique avec adaptation de l'antique aux reliures modernes. L'exposition de la librairie Depelley avec sa large vitrine, très bien ordonnée et d'un bel effet par suite de la mise en valeur de ses reliures multicolores disposées avec goût, a attiré les regards des visiteurs et retenu leur attention.

M. Octave Doin a fondé sa librairie en 1871, aussitôt après la guerre franco-allemande. Il s'est spécialisé dans l'édition des ouvrages de médecine, d'histoire naturelle et d'horticulture. C'est depuis une quinzaine d'années surtout, qu'il s'est appliqué à multiplier les tirages typographiques en couleurs pour les ouvrages classiques de l'enseignement supérieur. Ce mode d'illustration a fait faire de larges progrès dans l'étude des sciences, qui sont la spécialité de cette librairie, car il permet de représenter la nature même et facilite l'assimilation en même temps qu'il abrège le temps d'étude.

Les plus beaux spécimens établis sur cette donnée étaient les ouvrages exposés : le « Traité d'anatomie humaine » par Testut avec ses figures parlantes; la « Bibliothèque de chirurgie contemporaine », dont 12 volumes parus, remplis de planches en couleurs à profusion ; la « Nouvelle Bibliothèque de l'étudiant en médecine » (Collection Testut) dont 30 volumes ont paru, enfin la « Bibliothèque de psychologie contemporaine » avec 14 volumes publiés et qui a ouvert sur ce côté de la science des horizons aussi nouveaux que féconds. M. Octave Doin, qui est l'homme de ses œuvres, a organisé lui-même sa librairie de toutes pièces; il a été membre du Jury aux dernières expositions et a présidé le Cercle de la Librairie durant ces trois dernières années, laissant de son passage dans notre maison des libraires le meilleur souvenir et comme président d'une grande activité et comme administrateur prudent et éclairé.

M. Paul Dreyfus-Bing a exposé, non pas tant comme éditeur de livres que comme directeur de la « Revue des vins et liqueurs et des produits alimentaires pour l'exportation » qu'il édite à Paris. Cette revue, qui remonte à 1876, rend de très grands services, dans le milieu spécial où elle est répandue, à l'industrie si vaste à laquelle elle s'adresse.

La librairie E. Ducher, qui a plus de 35 années d'existence, avait exposé deux périodiques importants : les « Matériaux d'architecture et de sculpture » par A. Raguenet dont la création remonte à 32 ans et les « Monographies de bâtiments modernes » par le même auteur, dont la première année remonte à 1888. Ces deux publications sont très connues du monde du bâtiment pour lequel elles sont d'une utilité pratique et instructive.

La librairie F. Ducloz est une de nos nombreuses librairies-imprimeries de province qui font des efforts, non sans succès, pour rivaliser avec les imprimeries de la capitale. C'est en 1848 que M. Ducloz fonda sa librairie d'édition et de détail, et, en 1878, qu'il installa son imprimerie. Il a publié spécialement des éditions d'anciens ouvrages français et aussi des ouvrages sur l'histoire de la Maison de Savoie. Comme spécimens de sa fabrication, nous avons à signaler : l' « Introduction à la vie dévote » en deux volumes illustrés. A Saint-Louis figurait un exemplaire de cet ouvrage sur papier du Japon tiré à vingt exemplaires seulement; les têtes de chapitre, culs de lampe et lettres ornées sont peints à la main ; chaque exemplaire est du prix de 500 francs. A citer

Adrien Moreau inv. X Le Sueur sc.

MÉMOIRE D'UN VOLONTAIRE

(ANATOLE FRANCE)

A. FERROUD, ÉDITEUR

Imp. Wittmann

encore : « Histoire de la Comtesse de Savoie » bel ouvrage pour amateurs imprimé en sept couleurs et tiré à 500 exemplaires seulement, numérotés à la machine ; les « Manuscrits et miniature de la Maison de Savoie » avec 17 phototypies hors texte, imprimé seulement à cent exemplaires numérotés à la machine.

Avec la maison A. Durand et fils, nous abordons une branche de nos industries des plus prospères et qui fait le plus grand honneur à notre pays. Cette maison, dont la fondation remonte à 1847, s'occupe exclusivement de publications musicales. Ses chefs ont obtenu les plus hautes récompenses et ont siégé comme membres du Jury dans la plupart des dernières expositions ; l'un d'eux a eu l'honneur de la vice-présidence à l'Exposition de Bruxelles. La maison Durand et fils a publié les œuvres des maîtres français contemporains et surtout l'œuvre complète du maître C. Saint-Saens, l'auteur de « Samson et Dalila, d'Henry VIII, d'Ascanio, des Barbares, d'Hélène » et de nombre d'œuvres du Répertoire symphonique de la musique de chambre ; toutes ces œuvres étaient exposées à Saint-Louis. A citer aussi l'œuvre complète de J. P. Rameau, le grand maître du XVIIIe siècle, le prédécesseur et l'initiateur de Glück. Cette publication, commencée depuis dix ans, ne sera terminée que dans une nouvelle période de dix années. C'est la première publication de ce genre, faite par l'édition française. Il n'est pas inutile d'indiquer ici que MM. Durand et fils ont contribué à faire connaître l'œuvre de Wagner en France, en publiant, les premiers, avec la traduction française, faite sous les yeux et avec le concours du maître, les partitions de « Tannhaüser », de « Lohengrin », du « Vaisseau fantôme ».

Pour obtenir de bonnes éditions, la maison a fait établir un jeu de poinçons, lui appartenant en propre, pour la gravure des œuvres qu'elle publie. Aussi ses éditions sont-elles maintenant connues et recherchées, non seulement en France, mais encore sur le marché étranger en Europe et en Amérique et certains morceaux ont annuellement un chiffre de tirage considérable, et cela depuis plus de dix ans.

M. Durel s'est établi en 1870 et a pour spécialité la vente de livres aux enchères. Il a trouvé un moyen ingénieux de donner aux amateurs qui habitent loin de Paris, la représentation du volume rare qu'ils ont l'intention d'acquérir. A cet effet, il rédige ses catalogues de vente de telle façon qu'ils offrent à l'amateur bibliophile qui les reçoit la description exacte des volumes, et les fac-simile qui les ornent lui donnent presque l'illusion de la reliure. A Saint-Louis étaient exposés de bons spécimens de ces catalogues pratiques autant que très utiles.

La maison Enoch et Cie est une des rares maisons d'édition musicale qui ait exposé individuellement à Saint-Louis. Etablie en 1865, elle est une des plus importantes actuellement et possède un catalogue comprenant un grand nombre d'ouvrages qui lui ont valu jusqu'ici de hautes récompenses aux expositions antérieures, entre autres le grand prix en 1900. A signaler parmi les ouvrages exposés : la « Méthode de violon » par Pennequin, la « Méthode de violoncelle » par Abbiote, la « Méthode de harpe » par Martens, et le « Traité de la Fugue » par Gédalge.

M. Fenaille avait exposé : « L'Œuvre gravée de Dancourt ».

Il s'est fondé à Paris, surtout depuis quelques trente ans, des maisons d'édition qui se sont spécialisées dans la publication de livres d'une impression irréprochable, aux illustrations merveilleuses, exécutées par nos meilleurs artistes et tirés à petit nombre sur des papiers de luxe des plus variés, en vue de la vente exclusive à un nombre limité d'amateurs. Leur principal effort a été de rechercher, pour les illustrations, les maîtres de la peinture et de la gravure et de veiller avec un soin méticuleux à ne présenter au public qu'un travail irréprochable sous tous les rapports. Ces maisons spéciales, au nombre d'une demi-douzaine à Paris, éditent, nous le disions au début de ce chapitre, de vraies merveilles, qui sont un régal pour les yeux et dont le prix d'établissement varie pour chacune d'elles de 20 à 100.000 frs. Deux librairies de ce genre ont déjà fait précédemment l'objet de notre examen.

De ce nombre aussi fait partie la librairie des amateurs, que dirige M. François FERROUD et qui a été fondée en 1875. Elle a publié une série d'ouvrages de luxe à succès, reproduits exclusivement par elle sous cette forme et dus à la plume de Gustave Flaubert, Théophile Gautier, Alfred de Musset, Paul de Musset, Xavier de Maistre, le Chevalier de Boufflers, Honoré de Balzac, Charles Nodier. Parmi ces ouvrages, nous tenons à citer particulièrement : « Trois contes » de Flaubert ; « Salambo » par le même avec illustrations de Rochegrosse, volume des plus réussis ; « La Chaîne d'Or » par Théophile Gautier, illustrée par Rochegrosse et dont les compositions ont été entièrement aquarellées à la main ; « le Poison des Pierreries » par Camille Mauclair, ouvrage illustré par le même artiste que les précédents et paru en planches repérées à quatre couleurs qui sont d'un effet saisissant. (*Voir spécimen de gravure à la page 65.*)

Qui ne connaît les célèbres Galeries de l'Odéon où des milliers de lecteurs se sont succédé pendant la moitié du dernier siècle. On peut les voir, debout devant les longs étalages de livres, le jour comme le soir, en toutes saisons, feuilleter les volumes exposés. Parmi eux quelques-uns s'empressent de satisfaire, sans bourse délier, leur curiosité ou leur désir de s'instruire, un plus grand nombre feuillettent, mais achètent aussi. M. MARPON, le fondateur de la maison qu'il créa en 1865, a su trouver la formule pour développer la vente des livres. Elle s'est résumée en ceci : étaler et offrir les livres à tous en permettant d'examiner leur contenu, supprimant ainsi toute surprise à l'acheteur. Ce fut là tout le secret de la vogue des Galeries de l'Odéon. C'est là aussi que réside un enseignement précieux pour les libraires, à savoir les envois en communication ou à l'examen qui se font à l'étranger sur une si grande échelle et sont supérieurs comme rendement à toute autre publicité.

M. Ernest FLAMMARION, associé de M. Marpon, puis seul propriétaire de la librairie depuis 1890, continua dans la voie si bien tracée par le fondateur et en 1878 inaugura une maison d'édition par la publication du célèbre ouvrage de son frère, Camille Flammarion, « l'Astronomie populaire », suivi bientôt d'une série de dix autres ouvrages par le même auteur qui publia ensuite « le Dictionnaire Encyclopédique scientifique » illustré, en huit grands volumes. Depuis, M. Flammarion n'a pas cessé de publier une foule de livres et de collections parmi lesquels il faut citer : la « Bibliothèque de Philosophie scientifique » publiée sous la direction du docteur Gustave Le Bon ; l'« Histoire par l'Image » d'Armand Dayot, inspecteur général des Beaux-Arts ; les « Œuvres complètes de Michelet » en 40 volumes ; « La France monumentale », augmentée des « Colonies françaises » en 6 beaux volumes, renfermant près de 4.000 planches, dont un millier tirées en couleur ; les « Œuvres complètes d'Hector Malot » ; d'« Eugène Sue », de « Proudhon » ; la collection in-18 des « Œuvres illustrées d'Alphonse Daudet » ; une série de volumes d'un caractère très éclectique, signés par Hanotaux, Pierre Baudin, Carnegie, Roosevelt, André Theuriet, Henri Lavedan, G. Courteline, Jean Aicard, capitaine Danrit, la baronne Staffe, Edouard Drumont, Gyp, Pierre Maël, Tolstoï. N'oublions pas la célèbre collection des « Auteurs célèbres » dont on estime la vente à cinq millions de volumes répandus sur le monde entier ; une nouvelle collection intitulée : « Meilleurs auteurs classiques français et étrangers » dont les volumes à bon marché ont fait sensation par la beauté de l'édition et les excellentes notes qui les accompagnent.

La librairie Flammarion s'est occupée aussi d'éditions de bibliophiles, depuis qu'elle a repris la maison Jouaust, l'ancienne Librairie des Bibliophiles, dont elle continua les jolies publications, particulièrement celle de la « Nouvelle Bibliothèque classique » et des « Mémoires relatifs à l'Histoire d'Europe ». Elle publie aussi un périodique le « Bon Journal » qui en est à sa vingt-et-unième année.

M. Henri Floury, établi depuis 1895, a publié des ouvrages très divers, tous illustrés. Tout en appliquant à leur établissement les procédés les plus perfectionnés pour le noir comme pour la couleur, il a essayé de leur donner le plus de variété possible. Les illustrateurs ont été pris généralement parmi les jeunes, bien que les maîtres à réputation assise aient trouvé également accueil chez lui. Parmi les ouvrages exposés, nous citerons : « La Vie artistique » par Geoffroy ; « L'Image » avec gravures sur bois ; « Voyage autour de sa chambre » par O. Uzanne ; « Leçons bien apprises » par Anatole France ; Etudes sur quelques artistes originaux : Rodin, Manet, Whistler, Boudin, Henri Boutet, Courbet, Rops, Villette. M. Floury est le président de la chambre syndicale des libraires de France.

Avec la librairie Gauthier-Villars nous rentrons dans les sciences exactes. Fondée en 1790 par Louis Courcier, elle fut continuée en 1821 par Bachelier, puis par Mallet-Bachelier en 1853, pour passer en 1864 aux mains de M. Gauthier-Villars père et en 1898 dans celles du chef actuel, M. Albert Gauthier-Villars. Ancien élève de l'école Polytechnique, il était on ne peut mieux qualifié pour diriger cette importante maison, qui s'est consacrée presque exclusivement à la publication d'ouvrages relatifs aux sciences mathématiques et physiques, ainsi qu'aux applications des sciences. On a été unanime à Saint-Louis pour reconnaître l'excellence de ses impressions. Grâce à un matériel spécial constamment perfectionné, grâce à l'habileté professionnelle de ses ouvriers, qui, pour la plupart, restent à l'atelier depuis l'apprentissage jusqu'à la retraite, car cette librairie possède une importante imprimerie, grâce aussi à l'habile direction apportée à cette maison, cette dernière a acquis une importance telle, qu'elle est à peu près unique dans sa spécialité. Tout ce que la France compte d'écrits savants sur les mathématiques, provenant de facultés, d'écoles ou d'observatoires, a été publié par la librairie Gauthier-Villars. Ses importants annuaires et ses nombreux périodiques, dont il serait trop long de donner la liste, indiquent assez quelle place occupe cette puissante maison, dont les ouvrages rayonnent pour ainsi dire dans le monde entier. Qu'il nous suffise de citer les plus fameux : l' « Annuaire du Bureau des longitudes », la « Connaissance des Temps » et la « Carte photographique du ciel ». Rappelons aussi les œuvres des grands géomètres français : Lagrange, Fourier, dont l'œuvre est complètement publiée, les « Œuvres de Cauchy » dont 18 volumes sur 87 ont paru ; celles de Laplace complétées récemment par le quatorzième volume ; enfin celles de Fermot, qui ont nécessité des recherches bibliographiques ardues et ne comprennent actuellement que trois volumes. Signalons encore : l'intéressante « Encyclopédie scientifique des aide-mémoires de Léauté » publiée en commun avec MM. Masson et Cie, nos confrères, dont nous étudierons l'exposition plus loin à leur ordre alphabétique; cette encyclopédie en est à son trois cent quarantième volume ; la « Bibliothèque photographique » qui se compose actuellement de plus de deux cents volumes ; enfin l' « Encyclopédie des Travaux publics » et l' « Encyclopédie industrielle ».

Si le nombre des volumes publiés annuellement par cette librairie de premier ordre est relativement limité, leur importance est capitale. Ses directeurs successifs ont toujours eu à cœur de ne pas lancer des publications hâtives de basse vulgarisation, mais ils ont tenu à honneur de ne laisser passer aucun évènement scientifique, aucune recherche de science pure et appliquée sans prêter leur concours à la diffusion de ces connaissances : on a pu s'en faire une idée à l'inspection des grandes collections citées plus haut. Des maisons comme celle dont nous venons d'analyser la production — et la France en compte un nombre respectable que l'étranger peut nous envier — font honneur à notre pays et en particulier à notre industrie. Dans un tournoi comme celui qui a eu lieu à Saint-Louis, ses représentants purent être fiers de les montrer et d'en faire admirer l'importance.

La librairie H. Gautier date de 1858. Elle publie des livres de littérature, surtout des romans, qui ont la réputation, justement méritée, de pouvoir être mis entre toutes les mains et des collections de petits volumes à dix et quinze centimes, qui, quoique modestes par leur prix et leur extérieur, ont su faire leur place dans le monde, car ils sont répandus en quantités énormes, certains d'entre eux ayant été tirés à des chiffres variant entre 200 et 250.000 exemplaires. Telles sont les collections qu'on pouvait étudier à Saint-Louis et qui ont pour titres : « Nouvelle bibliothèque populaire » à dix centimes le volume, qui a valu à son directeur, M. Charles Simond, un prix de l'Académie française. C'est grâce à cette collection que nombre d'écrivains français de grande valeur littéraire ont été tirés de l'oubli, que de plus illustres sont lus maintenant par le peuple et que surtout la France, prise dans ses masses, a appris à s'intéresser aux productions littéraires de l'étranger ; les « Récits des grands jours de l'Histoire » à quinze centimes le volume ; la « Bibliothèque scientifique des Ecoles et des familles » et « Souvenirs et récits militaires » dont chaque volume ne coûte également que quinze centimes.

C'est grâce à une publicité constante et parfaitement comprise, soit par la voie de la Presse, soit par des envois de spécimens et de circulaires à des particuliers bien placés pour vulgariser ou au personnel enseignant, que M. Gautier est arrivé, depuis dix ans, à faire connaître à tout le monde ses collections à bon marché et à faire adopter certains titres comme classiques dans les écoles d'enseignement primaire et primaire supérieur.

Voilà un éditeur qui, à force de persévérance et de publicité intelligente, est parvenu à un résultat qu'on peut qualifier de merveilleux avec des livres à la couverture bien modeste et sans illustrations tapageuses. Y a-t-il une preuve plus probante à donner à la librairie, que d'une habile publicité dépend souvent l'écoulement des livres ? N'est-il pas en même temps réconfortant de constater qu'avec de bons livres et un esprit d'initiative incontestable, mis au service de leur propagande, la réussite est certaine ? Notre confrère a trouvé là une juste récompense à ses efforts. Nous devons ajouter qu'il a rendu service aux masses qui forment le plus grand nombre des acheteurs de ses précieux petits volumes, modestes et chétifs d'aspect peut-être, mais robustes et riches par l'enseignement qu'ils donnent à tous, aux gens qui vivent dans le luxe comme aux déshérités de la fortune. Aussi M. Henri Gautier mérite-t-il des éloges à plus d'un titre, car pour des livres de ce genre, dont la portée morale est considérable, il était difficile sinon impossible de faire mieux pour un aussi modeste prix.

La librairie Gedalge date de 1848 et sa principale spécialité porte sur les livres d'enseignement primaire, branche où elle a publié des œuvres intéressantes, tant au point de vue pédagogique qu'à celui de la forme et du soin apporté à l'impression.

Nous avons surtout remarqué les « Maximes morales de l'écolier français » par Gérard, l' « Ecole du citoyen » par R. Perie, ce dernier couronné par l'Académie française, ouvrage très bien conçu et clairement illustré ; l' « Enseignement du système métrique par l'aspect », dont une édition anglaise a paru sous le titre : « The metric system », publié sous le patronage de la Chambre anglaise de Paris. A côté de ces ouvrages, figuraient des livres en tous genres, destinés à l'enseignement primaire et primaire supérieur, tous d'une belle exécution.

M. Jules Gleize avait exposé ses deux journaux illustrés : l' « Exposition de Hanoï 1902-1903 » et l' « Exposition de Saint-Louis 1904-1905 ». Le journal « l'Exposition de Saint-Louis », publié spécialement pour cette grande manifestation, a fait suite à son aîné « l'Exposition de Hanoï », et sera suivi, nous a dit l'exposant, par « l'Exposition de Liège 1905 », puis par « l'Exposition de Milan 1906 ». Chacune de ces publications paraît avant l'ouverture de l'Exposition et se continue jusqu'après la distribution des récompenses. L'« Exposition de Saint-Louis » est le seul journal français qui ait été spécialement publié à cette occasion. Il donne tous les documents relatifs à la Louisiana Purchase Exposition. Illustré, il en a reproduit les principales vues et aussi les portraits des personnages français placés à la tête de la section française. A citer encore : Le « Moniteur des Exposants français à l'Etranger », seul journal spécial aux expositions françaises à l'étranger. En résumé publications documentaires et d'histoire rétrospective des expositions, qui peuvent rendre de précieux services.

M. Abel Goubaud avait envoyé à Saint-Louis la collection de ses journaux de mode parmi lesquels le « Moniteur de la mode » fondé en 1843, et répandu dans le monde entier.

M. Henri Gravier, exposait des ouvrages de médecine.

Puisque nous avons parlé du but utile que poursuivent certains livres — et un livre ne devrait pas en avoir d'autre — les ouvrages qui contribuent à entretenir la pureté du goût, ce joyau vraiment français auquel nous devons tant de nos succès à l'extérieur, méritent en même temps qu'un encouragement une mention toute spéciale, car les précieux documents et les modèles exquis qu'ils contiennent ne peuvent que développer ce goût. Tels sont les livres publiés par la librairie Armand Guérinet, dont la fondation remonte à près de 35 ans et qui a publié plus de 300 ouvrages documentaires pour les architectes, les peintres, les sculpteurs et les industries d'art. L'ensemble de ces publications représente plus de quarante mille phototypies publiées et réparties sur des ouvrages qui sont d'une valeur documentaire incontestable. Tels sont le « Musée des Arts décoratifs », 10 volumes et 563 planches ; l' « Architecture française », 12 volumes et 824 planches ; les « Dessins de Viollet-le-Duc » 330 planches ; l' « Exposition universelle de 1900 », 11 volumes et 980 planches ; les « Grands prix de Rome de 1850 à 1903 », 480 phototypies dont la plupart ont près de 70 centimètres sur 50 ; l' « Architecture aux Expositions des Beaux-Arts », collection d'une valeur documentaire inestimable avec ses 2.115 phototypies en 10 albums ; l' « Art décoratif aux Expositions des Beaux-Arts », avec 2.000 planches ; enfin une foule d'autres ouvrages riches en documents de toutes sortes. En les éditant, M. Armand Guérinet s'est montré artiste de goût autant qu'éditeur érudit.

Les librairies orientalistes sont peu nombreuses à Paris. Une des plus importantes et dont les publications sont bien connues des spécialistes, est la librairie Maisonneuve dont la fondation remonte à 1835 ; elle a pour propriétaire actuel M. Ernest Guilmoto, qui l'a reprise il y a quelques années. Elle compte, parmi les auteurs des ouvrages de son fonds, des noms illustres comme Burnouf, de Sacy, Maspero, Henri Cordier, Derembourg, Hovelacque. Son catalogue très important n'est qu'une longue suite de publications le plus souvent fort coûteuses, car elles tirent à petit nombre et sont difficiles à établir. Parmi les ouvrages exposés, nous avons remarqué la « Bibliotheca Sinica », dictionnaire bibliographique des ouvrages relatifs à la Chine » ; les « Dernières années de la Louisiane française » par le baron Henri de Villiers, le travail le plus complet qui ait été écrit sur cette question et dont l'exposition de Saint-Louis augmente encore l'intérêt, avec nombreuses illustrations inédites, tirées d'archives et de collections privées. A signaler aussi la « Collection des littératures populaires de toutes les nations » comprenant actuellement 47 volumes.

S'il est un nom connu des lettrés dans tous les pays du monde, c'est assurément celui de la maison Hachette et Cie. La fidélité aux traditions, qui sont l'honneur d'une grande maison, et une attention vigilante à suivre et à satisfaire les besoins nouveaux de la société à toutes les époques de son évolution, ont largement contribué à asseoir cette renommée, car ce sont les deux traits qui résument l'histoire de la librairie Hachette depuis de longues années.

L'espace dont nous disposons est trop restreint pour que nous puissions nous étendre sur les publications de cette librairie. Les grandes collections, les dictionnaires célèbres, les publications géographiques de longue haleine, celles d'histoire à tous les âges du monde, de même que les bibliothèques diverses à l'usage de la jeunesse et de la famille et les nombreux périodiques savants, instructifs ou amusants, édités par cette maison, lui ont assuré un renom universel dans le monde civilisé. Qu'il nous suffise d'appeler l'attention sur quelques publications de date récente qui rendent de grands services et à ce titre méritent une mention toute spéciale.

Si le monde savant doit de la reconnaissance à la maison Hachette pour ses publications de toutes sortes, qui sont autant d'outils de première nécessité, il en est une qui lui fait particulièrement honneur, c'est l' « Atlas universel de géographie » par Vivien de Saint-Martin, dont 70 cartes sur 90 ont déjà paru. Il y a eu là un effort considérable; ces cartes qui mesurent 67 centimètres sur 55 sont gravées sur cuivre et tirées en couleurs. Dans la même spécialité, il faut citer l' « Atlas de géographie moderne » par Schrader, l' « Atlas de géographie historique », publié sous la direction du même auteur et l' « Atlas de poche »; l' « Année cartographique », destinée à tenir à jour toutes les publications de géographie et de cartographie et paraissant depuis 1891; le « Dictionnaire géographique et administratif de la France », par Paul

Joanne avec la collaboration des géographes français les plus connus, ouvrage actuellement terminé.

Dans le domaine de l'histoire, il faut citer la belle publication d'Ernest Lavisse, intitulée « Histoire de France depuis les origines jusqu'à la Révolution » en cours de publication et qui formera 18 volumes in-8° de 400 pages chacun. Dans l'histoire de l'art : le grand ouvrage de Perrot et Chipiez, « Histoire de l'art dans l'antiquité » ; celui de Müntz, « Histoire de l'art pendant la Renaissance » ; « Rubens », par E. Michel; « Rembrandt », par le même ; « Meissonier », par O. Gréard ; « Léonard de Vinci », par E. Müntz ; « Raphaël », par le même.

Une publication qui, chaque année, remporte un succès inouï, est l' « Almanach Hachette » qui se vend par milliers autant à l'étranger qu'en France, et a pour pendant dans les périodiques « Les Lectures pour tous », revue universelle populaire illustrée qui paraît depuis 1898. C'est une revue qui touche pour ainsi dire à tout et documente ses lecteurs sur toutes les questions auxquelles notre temps s'intéresse. Elle les documente par le texte, mais aussi par l'image qui suit le texte de près, l'animant, le traduisant aux yeux. De là, le succès incomparable de cette revue vraiment populaire et qui mérite son titre d'universelle.

A citer encore comme périodiques, édités par cette maison : « La Mode pratique », journal de la famille et de modes ; « La Vie heureuse » ; « Mon Journal » ; le « Journal de la Jeunesse » et le « Tour du monde », collection d'une valeur scientifique inestimable qui paraît depuis 1860.

La maison Jules Hautecœur dont l'existence remonte à la fin de l'avant-dernier siècle, à 1796, s'est spécialisée dans la publication des estampes. Depuis 1884, pour ne parler que du dernier quart de siècle, elle a édité plus d'un millier de planches de toutes dimensions : gravures au burin, à l'eau-forte, à la manière noire, photogravure, fac-simile d'aquarelles, etc. L'espace forcément restreint de l'emplacement dont elle disposait n'a pu donner qu'une faible idée des publications artistiques de cette maison, répandues dans le monde entier. Certaines d'entre elles, tirées à petit nombre et dont les planches ont été détruites après le tirage, obtiennent une grande valeur autant par leur exécution que par leur rareté. Parmi les œuvres exposées : la « Madone du Magnificat » de Botticelli ; « Primavera » du même artiste; « La Fenaison » de Lhermitte ; « A la fontaine » du même ; « L'Ordonnance » du maître Meissonier ; « 1807 », « 1814 » du même, sont autant de gravures devenues populaires, grâce aux tirages multiples qu'ont nécessité leur renommée et leur diffusion universelle dans tous les milieux. Ajoutons que c'est à l'initiative de M. Hautecœur qu'est due la création du Bureau de timbrage des gravures, qui existe au Cercle de la librairie depuis 1889.

M. Henri Hénon est l'auteur de petites notices sur le port de Calais et sur l'industrie mécanique des dentelles dans le Pas-de-Calais, d'articles dans le catalogue de 1900 et d'ouvrages exposés par le conseil général du Pas-de-Calais sur les industries de ce département pendant le XIXe siècle. Il a été membre rapporteur du Jury aux expositions de Bruxelles en 1897 et de Paris en 1900; il est président de l'Association Syndicale des fabricants de Calais et consul de Belgique dans cette ville. L'ouvrage qu'il a exposé est l' « Histoire complète de l'Industrie de la dentelle », souvent qualifiée du titre d'Industrie Nationale depuis son introduction en France en 1816 jusqu'à nos jours. Cette industrie est des plus importantes ; elle représente un capital considérable et exporte annuellement pour plus de 80 millions de francs de marchandises, dont une grande partie à destination des Etats-Unis. Il faut savoir gré à M. Hénon d'avoir fixé dans son ouvrage l'histoire d'une des branches de notre industrie qui occupe une des premières places dans le nord de la France.

Il y a des librairies, dont le nom éveille soudainement, quand on le prononce, des souvenirs heureux, nous voulons parler des souvenirs d'enfance, parce qu'on a dévoré à cet âge les livres qu'elle a édités. La maison J. Hetzel est du nombre de ces dernières et on n'a qu'à prononcer le nom de Jules Verne pour évoquer aussitôt l'idée du merveilleux si captivant pour la jeunesse. Tout le monde connaît les livres d'éducation et de récréation de cette librairie, dont la plupart des ouvrages, tels ceux de l'écrivain si populaire cité plus haut, ont été traduits dans toutes les langues. Elle fut fondée en 1842 par Jules Hetzel et compte parmi les auteurs qui ont écrit pour elle, les noms les plus célèbres : Alexandre Dumas, George Sand, Emile Augier, Alfred de Musset, Feuillet, Alphonse Karr, Arsène Houssaye, etc., et des artistes comme Meissonier, Gavarni, Grandville, Bertall, etc. Nous avons publié dans notre « Annuaire de la librairie » une monographie de cette maison, avec la biographie de son fondateur et celle de son fils, son digne continuateur. En s'y reportant, on verra de quel esprit cette maison d'édition s'est inspirée depuis sa fondation, pour donner à la jeunesse comme aux adultes des livres d'un texte irréprochable et d'une illustration qui ne laisse rien à désirer. Elle édite depuis près d'un demi-siècle un périodique des plus utiles, couronné par l'Académie française, le « Magasin illustré d'Education ». (*Voir spécimen d'illustration page 81.*)

Parmi les publications encyclopédiques, celle dont l'apparition a marqué le début du xxe siècle et qui est connue sous le nom de « Nouveau Larousse illustré » a été un succès sans précédent. Tout le monde connaît, pour les avoir compulsés, ses aînés, le « Grand dictionnaire Larousse » où nos pères ont puisé et où nous puisons encore de précieux renseignements, et le « Petit Larousse » qui est devenu le compagnon inséparable de beaucoup, puisque à l'heure actuelle sa vente a atteint près de 5 millions d'exemplaires.

Le « Nouveau Larousse illustré » qui est venu combler la lacune qui existait entre les deux précédents a été publié par la librairie Hollier-Larousse et Cie, fondée par Larousse en 1852. A sa tête se trouvent actuellement cinq associés : MM. Hollier-Larousse, Emile Moreau, Georges Moreau, Claude Augé, et Paul Gillon. On peut dire que cette publication a eu un succès colossal, succès sans exemple dans la librairie française et peut-être dans la librairie des autres pays, puisque au commencement de l'année 1904, le nombre de ses souscripteurs atteignait le chiffre de 164.000.

Commencé en 1897 et achevé en 1904, ce dictionnaire, qui comprend sept volumes, a exigé le concours de 400 collaborateurs intellectuels et de plus de mille collaborateurs manuels. Les frais de collaboration, salaires des ouvriers, dessins, cartes, gravures, papier, reliure, dépassent actuellement 18 millions de francs. Il résume en quelque sorte les plus récents efforts de la puissante librairie qui l'a édité.

Cette dernière du reste a aidé aux manifestations de l'esprit humain sous toutes ses formes. Nous avons cité le Grand Larousse, le Nouveau Larousse illustré, et le Petit Larousse ; la collection des in-4° Larousse n'est pas moins remarquable. Elle forme actuellement six gros volumes et est destinée à mettre le livre de luxe à la portée du grand public. Elle se compose d'ouvrages de vulgarisation, imprimés sur beau papier, illustrés uniquement par les procédés de reproduction photographique les plus perfectionnés et revêtus de reliures signées des artistes les plus en renom. Citons encore les dictionnaires et ouvrages de vulgarisation : « Etats et Colonies », 6 volumes ; « Bibliothèque rurale », 13 volumes ; « Vie pratique, Sports, récréations », 10 volumes.

La librairie Larousse a édité encore un grand nombre de livres à l'usage de l'enseignement primaire ; ils se recommandent par une exécution soignée et un texte qui fait honneur aux professeurs qui les ont signés comme à la maison d'édition qui les a imprimés, car elle imprime elle-même toutes ses publications. Un périodique qui, lui aussi, est une encyclopédie, la « Revue Universelle », jouit d'une notoriété bien méritée, car elle est aussi instructive qu'intéressante. Elle a trouvé son public de lecteurs dès l'origine, car, vaste recueil documentaire qui comprend maintenant 13 volumes, elle répondait à un besoin réel.

MM. Hollier-Larousse et Cie possèdent une imprimerie importante, et il est aisé de se faire une idée de l'outillage dont elle dispose, en se reportant aux publications que nous venons d'indiquer sommairement. Nos confrères se sont préoccupés d'améliorer dans la plus large mesure possible le sort de leur personnel, qui aujourd'hui ne comprend pas moins de 350 personnes à poste fixe et ils ont fondé diverses œuvres philanthropiques qui ont contribué puissamment à la bonne entente entre directeurs et collaborateurs.

La librairie Alexandre HOUSSIAUX, fondée en 1846, a porté ses efforts sur le développement de la diffusion des œuvres complètes des plus grands auteurs contemporains et, en les offrant au public dans de belles éditions d'un prix abordable, elle a obtenu pour toutes ces collections des chiffres de vente très élevés. Les ouvrages édités par cette librairie ont toujours été considérés comme de beaux livres de bibliothèque : impression soignée sur beau papier, illustrations en taille douce, au burin, ou à l'eau forte par les plus célèbres artistes peintres et graveurs.

La difficulté consistait à les mettre à un prix accessible et elle a été entièrement résolue par M. Houssiaux, qui est parvenu à ne pas dépasser le prix de vente de 8 francs par volume et à ce titre son effort a été réel. On pouvait voir comme spécimen de ces volumes : les « Œuvres complètes d'Alphonse Daudet » dont le dernier volume a paru en 1901 ; les « Œuvres complètes de François Coppée » terminées en 1899 ; les « Illustrations des Œuvres complètes de Victor Hugo » et celles des « Œuvres complètes de Gustave Flaubert ».

A une époque où les échanges deviennent de jour en jour plus actifs et où le commerce a besoin de se renseigner exactement, pour porter ses efforts là seulement où ils sont nécessaires et ne pas les éparpiller au hasard, un organe comme le « Journal des Chambres de Commerce » peut et doit rendre de grands services aux industriels et aux négociants. M. Jules HUOT, qui en est le directeur fondateur depuis 1882, a obtenu pour lui de hautes récompenses dans des expositions récentes. Grâce aux études paraissant dans son journal sur les questions commerciales : traités de commerce, tarifs, transports ; grâce aux concours des ministères, des chambres de commerce de France et françaises à l'étranger, ce périodique a conquis une excellente place dans la presse économique.

M. John F. JONES n'est pas éditeur, mais son genre d'affaires se rattache étroitement au nôtre, car il s'occupe spécialement de rechercher à la fois de la publicité française pour les journaux étrangers et de la publicité étrangère pour les journaux français. La fondation de la maison remonte à 1880. M. J. F. Jones la reprit seul en 1883 après avoir racheté la part de son associé. L'année dernière il s'associa M. Georges Chamerot, l'ancien imprimeur-éditeur et le sympathique confrère qui a laissé parmi nous un si bon souvenir, et la raison sociale devint John F. Jones et Cie.

Cette maison avait exposé vingt-six albums formant la collection complète de tous les journaux quotidiens politiques, littéraires, illustrés, etc. de France. Les visiteurs ont pu avoir ainsi une idée de ce qu'était la Presse française en 1904. M. J. F. Jones était membre du Jury et par suite sa maison était hors concours.

M. Martin-Célestin JOUBERT a pour spécialité de publier des ouvrages de théâtre en un acte, livret et musique. On pourra se faire une idée du développement qui a été donné à cette spécialité quand on saura que le nombre de pièces de théâtre de ce genre qui était de 150 en 1900 a atteint 1200 en 1904. C'est en somme une large publicité créée au moyen d'éditions à orchestre, au profit de la diffusion des morceaux caractéristiques. C'est ce qui a permis à M. Joubert de tripler le chiffre de ses opérations depuis 1900, époque où il a opéré la fusion de plusieurs maisons similaires et les a réunies sous une même direction. Parmi les œuvres exposées : « Chanson du Crépuscule » par Delerue ; « Fraternité » par Sudeni ; « Arc-en-ciel » par Brès ; « Carillon de minuit » par le même auteur ; « Régiment de Sambre-et-Meuse » par Turlet.

La Société générale d'Editions illustrées représentée par Pierre LAFITTE et Cie fut créée en 1888. Elle avait exposé ses périodiques « Femina », « Musica », et la « Vie au grand air ». Tout en n'éditant que des publications pouvant être mises entre toutes les mains, elle s'est efforcée de leur donner un caractère de luxe, une tournure littéraire très accentuée et un côté pratique qui les ont fait apprécier. Les publications de cette société ont transformé l'allure du journalisme illustré ; elles ont été les premières, croyons-nous, à être illustrées par la photographie. En dehors de leur présentation artistique, qui a contribué beaucoup à leur succès dans un pays comme la France, où tout ce qui est marqué

C'ÉTAIT LE « JEMMAPES ». (Page 138.)

au coin du bon goût réussit le plus souvent, et à l'étranger où toutes les belles productions françaises sont si prisées, leurs éditeurs ont eu le rare bonheur d'organiser des manifestations toujours originales que le public a accueillies avec un véritable engouement.

« Femina » a organisé entre autres un concours musical et littéraire ; un concours pour les jeunes filles qui est encore dans toutes les mémoires et qui réunit plus de 5.000 concurrentes dont les œuvres furent exposées ; un concours littéraire à l'occasion du centenaire de George Sand.

«Musica» ne restait pas en arrière et organisait un tournoi musical international, doté de 10.000 francs de prix en espèces ; cette année doit avoir lieu un grand concours de la musique française doté cette fois de 100.000 francs de prix en espèces.

La « Vie au Grand Air », suivant l'exemple de ses sœurs, a organisé de grands concours automobiles, des courses à travers champs interrégimentaires, un raid hippique, un handicap des locomotions Bordeaux-Paris et elle a décerné à toutes les grandes sociétés de sport des coupe-challenges dont quelques-unes, comme celles de l'aérostation par exemple, sont devenues célèbres.

Il n'est pas surprenant que grâce à cette publicité les journaux de la société aient atteint des chiffres de tirage inconnus jusqu'à ce jour pour des périodiques de cette nature. C'est la récompense d'une activité qui a su, en dehors des avantages matériels qu'elle a procurés, provoquer, grâce aux concours cités plus haut, une circulation considérable et du meilleur aloi dans les lettres, les arts et les sports. Ce sont là des publications aussi honnêtes qu'artistiques que nous éprouvons du plaisir à signaler, car elles font honneur à notre corporation.

M. Georges Lanquest et M. Emile Lebon sont deux auteurs qui ont tenu à honneur d'exposer à Saint-Louis et, pour restreint que soit le champ, où ils ont pu se mouvoir, on doit les féliciter de leurs efforts.

M. G. Lanquest a exposé des ouvrages de photographie et des guides pour débutants en photographie. Ces ouvrages sont devenus populaires, et certains d'entre eux ont atteint des tirages élevés que des éditeurs de profession verraient d'un œil satisfait pour leurs publications. Tels sont le « Traité pratique et élémentaire de photographie » ; « le Photocycliste » ; « le Néophyte Photographique » et le « Guide pratique des débutants photographes ». Citons encore : la « Côte Normande », dont deux volumes ont paru et forment le commencement d'une série appelée à être fort intéressante au point de vue historique, documentaire et des illustrations, et « le Home », journal de vulgarisation, servant en même temps à la défense des amateurs photographes et des professionnels.

M. Emile Lebon est agrégé de l'Université, lauréat de l'Académie française et professeur de mathématiques dans un de nos grands lycées de Paris. Il a exposé 19 ouvrages, tous signés de lui, parmi lesquels il faut citer une « Histoire abrégée de l'astronomie » couronnée par l'Académie Française en 1901 du prix Furtado, réservé à l'auteur d'un livre de littérature utile; un « Traité de géométrie descriptive », et en outre plusieurs mémoires appréciés favorablement par l'Académie des sciences de Paris. M. E. Lebon, doué d'un esprit méthodique et consciencieux, a rédigé ses ouvrages de manière à mériter les récompenses ou les appréciations flatteuses de l'Académie Française et de l'Académie des sciences. A ce titre, il méritait de voir ses efforts signalés ici et de recevoir nos félicitations pour la médaille d'or qu'il a obtenue.

Avec la librairie H. LAURENS, nous entrons dans le domaine de l'art et nous nous trouvons en face de véritables richesses qui ravissent les yeux et offrent un vaste champ documentaire. Fondée en 1793 par Auguste Renouard, cette maison n'a cessé de publier des ouvrages d'art, sur l'histoire de l'art ou l'enseignement des beaux-arts. Son chef actuel a continué à se renfermer dans la même spécialité, l'art s'enseignant surtout par l'exemple, c'est-à-dire par les modèles et les reproductions des œuvres remarquées, en se servant des découvertes et applications de procédés modernes photographiques pour illustrer aussi abondamment que possible les ouvrages. Il a développé surtout deux branches : les publications sur l'art et l'histoire de l'art à toutes les époques, et d'autre part celles sur l'enseignement des beaux-arts sous forme de dessins, de modèles et de documents en noir et en couleurs, exécutés spécialement pour sa librairie. Il a recherché l'appui et la collaboration des hommes les plus distingués; les noms qui figurent à son catalogue, et dont sont signées les œuvres de son fonds, le prouvent suffisamment, et à notre époque de vie intense où le public veut être vite renseigné, il a su imprimer à ses ouvrages le sceau de la concision et leur donner le cachet d'une exécution matérielle parfaitement finie pour le but auquel ils étaient destinés. C'est sous une direction de cette nature que la maison de M. H. Laurens a toujours progressé.

Nous avons à signaler entre autres publications dans la collection de vulgarisation : les « Villes d'art célèbres » en 12 volumes ; « Les grands Artistes » en 17 volumes ; dans celle d'enseignement un « Cours complet de peinture à l'huile » avec planches en couleurs et les « Différentes essences d'arbres », avec 32 planches en phototypie, ces trois ouvrages dus au maître Hareux ; « Cours gradué d'aquarelle » par Delacroix-Garnier, et « Caprices décoratifs » par Habert-Dys, ces deux ouvrages illustrés de planches en couleurs.

Parmi les publications périodiques, citons : les « Documents d'architecture moderne », « L'Art et la couleur », « L'Art appliqué » et « Le Modèle ». Comme grandes publications, nous avons remarqué les « Archives de la Commission des Monuments historiques » avec 500 planches en héliogravure ; « Le Cheval dans la nature et dans l'art » par E. Duhousset; « Le Palais de Saint-Cloud » par le comte Fleury ; « Les Cathédrales de France » par A. Loth ; enfin « La Femme dans l'antiquité grecque » par E. Notar.

En résumé, si l'on examine l'exposition de la librairie H. Laurens, l'impression qui s'en dégage est qu'on se trouve en face d'ouvrages consciencieusement documentés en vue de l'enseignement et de la vulgarisation, tous d'une impression typographique où l'on retrouve le constant souci de l'éditeur de faire net, concis et clair en conformité avec leur destination. En examinant la route parcourue depuis vingt ans par cette maison, on y retrouve à chaque pas le désir de l'éditeur de suivre et de servir le mouvement qui porte le public vers toutes les manifestations d'art, traduites par des livres. Bien que signés de noms connus et autorisés, ils restent des livres de haute vulgarisation que leur prix laisse accessibles à tous.

M. Lucien Layus a publié un ouvrage du plus grand intérêt dont il est l'auteur, relatif à l'Exposition de Glascow. Il figurait avec honneur dans l'Exposition collective du Cercle de la Librairie. M. Layus a été longtemps secrétaire du Conseil du Cercle de la Librairie.

Nous passons à une librairie dont le fondateur M. Alphonse Lemerre, qui la créa dans un modeste magasin du passage Choiseul en 1864, aida puissamment à la floraison de jeunes talents. Tous devaient bientôt devenir les gloires des lettres françaises et marcher d'un pas rapide vers le fauteuil, que l'Académie française a offert ou réserve à la plupart d'entre eux, tels : Coppée, Sully-Prudhomme, Marcel Prévost, André Theuriet, Paul Bourget, E. Pouvillon, Daniel Lesueur, etc. dont les œuvres sont universellement connues et répandues aux quatre coins du monde civilisé. Outre les livres dus à la plume de ces écrivains de marque, M. A. Lemerre qui s'est adjoint depuis plusieurs années déjà son fils, M. Désiré Lemerre, un précieux collaborateur, avait exposé : « La Pléiade française », sa « Collection des grands Classiques français », la « Petite bibliothèque littéraire », fondée en 1864, comprenant les principaux auteurs du XIXe siècle depuis Chénier, enfin des livres d'étrennes illustrés et des livres classiques. Tous ces ouvrages sont établis avec le plus grand soin sur beau papier et tirés sur les machines de l'imprimerie appartenant à M. A. Lemerre.

M. Frédéric Lentz est compositeur de musique et éditeur de ses œuvres ; c'est à ce titre qu'il avait exposé à Saint-Louis l'ouvrage intitulé « Leçons de Solfège ». C'est le premier, croyons-nous, dans lequel la théorie musicale, mise à la portée de tous, même des plus jeunes enfants, soit basée sur les faits acoustiques tels que les ont observés les facteurs d'orgues, maîtres pratiques en cette matière. Tout effort tenté dans le but de faciliter l'enseignement n'importe à quel dégré et sous quelque forme que ce soit, est toujours digne d'attirer l'attention, et c'est à ce titre que nous avons signalé l'ouvrage de M. Lentz.

La librairie H. LE SOUDIER fut fondée par son chef actuel en 1874. A ses débuts elle s'est consacrée à l'exportation des publications françaises et depuis 1881 à l'importation des publications étrangères en France. A ces deux branches elle en joignit deux autres : en 1883 un bureau spécial de vente de droits de traduction et de clichés et en 1886 une agence d'abonnements aux journaux français et étrangers, qu'elle acquit de M. Ponchaud. Enfin en 1888 elle créa son département spécial d'édition qui se développa immédiatement d'une manière rapide et des plus heureuses. M. Henri Le Soudier s'est spécialisé surtout dans les publications d'enseignement primaire, de langues vivantes, d'histoire et de bibliographie. Le « Cours de Géographie » par Drouard et Mannevy, qui était exposé, a été une révolution dans l'enseignement de la géographie. Sa méthode consiste à enseigner la construction des cartes d'une manière simple et originale et à fixer dans la mémoire des élèves les différentes productions au moyen de l'image et de graphiques parlants. Le succès a été tel qu'en peu d'années ses tirages successifs ont atteint pour les quatre cours le chiffre d'un million d'exemplaires.

A l'Exposition de Saint-Louis figuraient aussi les « Mémoires du comte de Bismarck », édition française, et l' « Histoire de la guerre de 1870 » par de Moltke, traduction française ; le « Mémorial technique » de Mazzocchi, petit manuel de poche à l'usage de l'ingénieur et de toutes les professions ayant recours aux formules de mathématiques pour toutes les spécialités ; enfin, à côté d'une foule d'autres ouvrages sur l'enseignement primaire, depuis la lecture et l'écriture jusqu'à l'histoire et la grammaire, figurait la « Bibliographie française » comprenant 10 volumes. Cette bibliographie est formée par la réunion des catalogues d'éditeurs français avec des tables alphabétique et systématique qui font de ce recueil le vade mecum et l'outil de chaque jour du libraire comme de l'homme d'étude et des bibliothèques. M. Henri Le Soudier publie aussi depuis ving-cinq ans un « Annuaire des Journaux » et l'Annuaire de la corporation sous le titre d' « Annuaire de la Librairie » avec monographies des maisons d'édition les plus importantes de Paris et de la province. A Saint-Louis M. H. Le Soudier était hors concours, membre et vice-président du Jury des récompenses en même temps que rapporteur des Groupes XVII et XVIII.

La fondation de la maison de M. Emile Lévy remonte à 1850. Elle s'est consacrée spécialement à la publication des ouvrages d'architecture et d'arts industriels. Parmi les ouvrages exposés, il faut citer : « Collection of art and decoration » ; « La Plante » par Grasset ; « Histoire des beaux-arts » ; « Collection Wallace » ; « Le Musée du Louvre » ; ces trois derniers ouvrages par Molinier. Tous ces livres sont illustrés et ont en France comme à l'étranger, particulièrement aux Etats-Unis, où ils sont d'une vente courante, un écoulement assuré, grâce au côté documentaire qu'ils présentent et au soin tout particulier avec lequel ils sont édités.

S'il est un exemple qu'on peut donner aux jeunes libraires qui entrent dans la carrière, c'est assurément celui qu'a offert, dans ses développements successifs, la Librairie Armand Colin. Nous savons comment les deux fondateurs de cette maison, MM. Colin et Lecorbeiller, alors simples employés de librairie, créèrent de toutes pièces leur établissement en 1870, c'est-à-dire à une époque qui n'était guère propice aux affaires. Tout le monde sait aussi quel développement il a pris soudainement et comment le modeste local de la petite rue de Condé, devenu tout de suite insuffisant, dut faire place aux vastes immeubles formant l'angle des rues de Mézières et Madame, qui abritent actuellement les multiples services de cette importante librairie, devenue en si peu de temps une des premières dans sa spécialité.

Elle se consacra d'abord exclusivement à la publication d'ouvrages scolaires au nombre desquels la célèbre « Grammaire » de Larive et Fleury opéra une véritable révolution dans l'enseignement et atteignit à un succès colossal dès son apparition, de même que la « Géographie » de P. Foncin, établie sur un plan tout nouveau à cette époque.

Dans la suite, élargissant son champ d'action, la Librairie Armand Colin aborda les enseignements secondaire et supérieur, puis elle entreprit de s'étendre encore et elle occupe actuellement une place prépondérante dans la publication des ouvrages d'histoire et de géographie, de littérature et de philosophie, de sciences politiques et sociales, de même que dans les publications illustrées et de luxe. Il suffit de parcourir son catalogue pour être frappé à la lecture des noms célèbres, qui y figurent comme auteurs et qui forment comme un faisceau de sommités littéraires et scientifiques les plus en vue de la fin du XIXe siècle : Lavisse, Rambaud pour l'histoire ; Foncin, Vidal de la Blache et Marcel Dubois pour la géographie ; Petit de Julleville pour l'histoire de la littérature ; Riemann et Goelzer pour les langues latine et grecque ; Emile Borel et Darboux pour les mathématiques ; Schweizer pour les langues vivantes, et une foule d'autres qu'il serait impossible d'énumérer tous ici.

Il faut signaler parmi les publications exposées à Saint-Louis les « Cartes et les Tableaux muraux » comprenant la géographie, les leçons de choses et de langage, l'hygiène, l'anti-alcoolisme, l'enseignement scientifique, l'arithmétique, le système métrique et l'histoire de la civilisation française ; la « Collection des pages choisies des grands écrivains » dont 39 volumes ont paru ; celle des « Pages choisies des auteurs contemporains » ; la « Bibliothèque du Petit Français » aussi instructive qu'attrayante et comprenant 64 volumes ; les « Romans pour les jeunes filles » innovation des plus heureuses composée actuellement de 31 volumes ; la « Bibliothèque de Dictionnaires manuels » ; enfin les grands ouvrages faisant tous autorité : « Histoire de la langue et de la littérature française » par Petit de Julleville, en 8 volumes ; l' « Histoire générale » par Lavisse et Rambaud ; l' « Atlas général » par Vidal de la Blache ; l' « Atlas des colonies françaises » par Pelet ; la « Bibliothèque du congrès de philosophie » en quatre volumes.

La Librairie Armand Colin publie une dizaine de périodiques convenant aux catégories de lecteurs qui étudient ou qui ne cherchent qu'à se tenir au courant des publications de toute nature que l'actualité fait surgir, parmi lesquels les « Annales de Géographie », la « Revue d'histoire littéraire de la France », la « Revue générale des sciences » et le « Petit Français » sont les principaux.

Cette librairie possède à sa tête depuis la mort de notre regretté confrère Armand Colin, deux jeunes chefs actifs, M. Max Leclerc et M. Bourrelier, qui se sont appliqués à la bonne exécution typographique et à la disposition matérielle qui dans les livres d'enseignement a une importance capitale, en même temps qu'ils s'adressaient pour rédiger les textes aux maîtres les plus réputés. La Librairie Armand Colin a su aussi de tout temps, par une savante propagande faite sans compter, écouler largement sa production : tel est un des secrets de sa réussite. Son rôle et son action en matière d'enseignement primaire ont été en outre considérables, et son esprit d'initiative et de progrès en même temps que sa sympathie pour toutes idées utiles qui lui étaient soumises ont trouvé leur récompense dans le succès et la prospérité assurés dès ses débuts à cette importante maison.

Le journal « La Coiffure française » fut créé en 1889 par M. Alfred Mallemont, son directeur. C'est le plus répandu des journaux similaires et il compte un nombre important d'abonnés. Il a pour but de propager la mode de la coiffure française dans le monde entier, et comprend parmi ses collaborateurs les principaux coiffeurs de Paris. A côté de ce journal, M. Mallemont avait exposé le « Manuel de la Coiffure de dames » et « l'Art de la coiffure française depuis les Gaulois », deux ouvrages qui font autorité dans la matière; ils ont été traduits en anglais et publiés à Londres et à New-York. Ils sont de plus consultés et recherchés par les directeurs des écoles de coiffure de Lyon, Lausanne, Bruxelles, chaque année, pendant la saison des cours professionnels, qui ont lieu dans ces villes.

Outre une librairie de détail des plus prospères qui date de 1881, M. Maloine a fondé, il y a nombre d'années, une maison d'édition. Homme de ses œuvres, il a fait comme libraire de détail des efforts constants pour contribuer à la diffusion des livres de médecine en France et à l'étranger par une publicité large et soutenue, la publication périodique d'une bibliographie méthodique des livres de médecine, la création d'une bibliothèque

Héliog. L. Schutzenberger Phot. A. Lacroix

8 mai

La nuée ardente du 16 Décembre 1902 arrivant à la mer.

(Hauteur 4000^{m})

Masson & Cie Éditeurs.

médicale circulante, l'organisation de salles d'exposition ouvertes aux professeurs, aux étudiants et au public permettant d'apprécier le contenu d'un volume, d'en faire l'acquisition à bon escient ou, pour l'étudiant à la bourse modeste, d'aller le consulter gratuitement à la bibliothèque de la Faculté de médecine. Le résultat de cette publicité intelligente ne s'est pas fait attendre. Il a été immédiat et s'est traduit par un chiffre d'affaires des plus rémunérateurs. Un autre résultat parallèle a été de permettre à M. Maloine de devenir éditeur. Par la large contribution qu'il a apportée à la diffusion de la librairie médicale, grâce aux facilités de toutes sortes offertes à l'acheteur fortuné comme à l'étudiant peu aisé, notre confrère méritait de voir son nom signalé ici.

Dans notre « Annuaire de la Librairie française », année 1901, nous avons donné la monographie de l'importante Maison MAME de Tours. En publiant cette étude nous la rapprochions de celle que nous avions faite, l'année précédente, sur la maison Hachette et nous indiquions comment grâce à sa persévérance, à son travail, à son énergie et à son esprit de suite le chef principal, M. Alfred Mame, avait donné à l'industrie du livre un essor inconnu jusque là et créé en province la même colossale librairie que Louis Hachette a fondée à Paris. Nous ajoutions combien il était intéressant de montrer comment une même idée peut persévérer pendant deux siècles chez tous les membres d'une même famille, à travers les déboires, les coups de fortune et les révolutions.

La maison Mame, dont la fondation remonte à 1746, est outillée de toutes pièces pour fabriquer entièrement le livre sans avoir recours, comme les éditeurs le font généralement en France, à d'autres industries connexes. Elle fabrique elle-même son papier, possède une vaste imprimerie avec tous ses services auxiliaires, clicherie, fonderie de caractères, reliure. Elle produit annuellement près de six millions de volumes et occupe près d'un millier d'employés et ouvriers, recevant chaque année environ un million de salaires.

Ses chefs ont toujours montré une large sollicitude pour leurs ouvriers et employés. Ils firent construire non loin de l'usine une véritable cité, qui comprend près de cent habitations formant chacune un tout séparé, dont le loyer est insignifiant. Ils ont fondé en outre un vaste établissement composé de crèches, asiles et ouvroirs, où 1.200 enfants sont élevés aux frais de la famille Mame. Il serait trop long d'énumérer les institutions philanthropiques dont cette famille a doté les ouvriers : boulangerie coopérative, assurance des soins médicaux et des médicaments gratuits aux femmes et aux enfants des ouvriers, secours donnés pendant la période d'appel des réservistes et des territoriaux, de même que pour les frais d'inhumation en cas de décès, enfin l'œuvre capitale, la caisse de participation et de retraite, dont on trouvera le fonctionnement étudié dans notre Annuaire de la librairie cité plus haut.

Nous n'étonnerons donc personne en disant que la maison Mame a reçu dans les grandes expositions internationales des grands prix et diplômes d'honneur pour les diverses branches où elle a exposé : typographie, librairie, institutions de prévoyance et philanthropie, habitations ouvrières et arts religieux.

Parmi les ouvrages exposés : citons l'édition princeps de la « Vie de Notre-Seigneur Jésus-Christ » par James Tissot, qui fut un gros événement dans le monde du Livre, « Versailles et les Trianons », « Sanctuaires de la Vierge », deux Missels et trois Bréviaires.

La librairie Masson et Cie est dirigée par M. Pierre Masson, fils de notre regretté confrère Georges Masson, et MM. Paul Bouchez et Talamon, ses associés. Elle fut fondée en 1804 et publie, comme au début du siècle dernier, des ouvrages consacrés aux sciences, à la médecine et à l'enseignement. La médecine occupe la première place et, en parcourant le catalogue de cette importante maison, on peut y voir la presque totalité des sommités médicales ; l'enseignement à tous les degrés s'y trouve représenté d'une manière brillante. Les publications périodiques se sont multipliées dans cette librairie au fur et à mesure que la science se spécialisait et elles atteignent aujourd'hui le nombre considérable de quarante; c'est peut-être la seule librairie spéciale du monde entier qui en publie un aussi grand nombre. Parmi ces dernières, il faut citer particulièrement l'admirable revue de vulgarisation scientifique « La Nature », arrivée à sa 31e année, et si universellement connue et appréciée ; « La Presse Médicale » journal hebdomadaire actuellement dans sa 12e année. Quant aux ouvrages, on peut dire que nulle part on ne trouve réunie sur un même catalogue une collection plus considérable d'œuvres magistrales dont l'ensemble comprend toute la médecine contemporaine, la technologie dans toutes ses spécialités, l'histoire naturelle, la physique, la chimie.

La librairie Masson s'est appliquée à soigner la disposition typographique de ses publications, essayant d'être la collaboratrice de ses auteurs et elle y a réussi complètement. Elle a compris, comme nous le disions plus haut pour une autre maison, que la forme du livre aide à l'utilité et au succès de l'ouvrage par l'ordre qui règne dans le texte, par la clarté de l'impression et enfin par l'illustration. A citer dans son exposition les magnifiques planches murales d'hématologie par Landouzy et Labbé ; la « Pratique dermatologique » de Besnier ; le « Traité de chirurgie d'urgence » de Lejars ; le « Traité d'anatomie humaine » de Poirier et Charpy, et une foule d'autres dont il est impossible de donner ici la longue nomenclature. Ces différents ouvrages se distinguent par la beauté de l'impression, le nombre des illustrations dans le texte en noir et en couleurs, et les planches hors texte en lithographie et en typographie. (*Voir spécimen d'illustration page 89.*)

Le Ministère des Colonies (Office colonial) avait exposé une série de graphiques intéressants et un certain nombre de volumes publiés sous sa direction.

Tout le monde connaît la Mode Illustrée, le plus ancien journal de modes fondé en 1860 par M. Firmin-Didot. Ce journal, à la tête duquel se trouve M. Joly, comme directeur, a augmenté successivement son nombre de pages et amélioré texte et illustrations, sans avoir augmenté son prix. C'est, croyons-nous, un des plus importants journaux de modes français, eu égard au nombre d'abonnés et à la clarté des illustrations, exclusivement gravées sur bois d'après des dessins au lavis. C'est un journal technique au point de vue de la mode avec ses modèles, ses travaux manuels très en faveur dans les familles, qui le considèrent à juste titre comme un journal moral et littéraire, en même temps qu'éducateur et instructif. Pour l'enseignement dans la famille, il offre chaque semaine l'avantage de la correction des devoirs. Des concours manuels stimulent l'émulation entre les élèves, dont les meilleurs devoirs sont publiés avec inscription au tableau d'honneur, d'après les notes données par les parents et les professeurs. Des prix importants sont attribués aux lauréats.

M. Pierre-Adrien MONSÉGUR, comme son émule M. Mallemont, a fondé son « Journal et Illustration de la coiffure » en 1889. Développer l'art français de la coiffure par la reconstitution des modes anciennes en les appliquant aux innovations, faire connaître le parti qu'on peut en tirer, en s'en inspirant pour l'arrangement de la coiffure moderne, en faisant figurer l'historique de chaque époque, de façon à présenter une publication artistique, historique et littéraire dans le sens le plus exact, telle est la pensée maîtresse qui a guidé les efforts de M. Monségur dans l'élaboration de son journal illustré, dont l'année 1903 tout entière était exposée à Saint-Louis.

La librairie Fernand NATHAN fut fondée en 1881 avec des capitaux modestes et parvint, dans un espace de temps relativement court, à établir des collections importantes pour les divers ordres d'enseignement primaire, primaire supérieur et secondaire. Nous avons constaté que la forme typographique des ouvrages exposés est des plus soignées et que la maison Nathan a montré un souci constant d'adapter, dans les divers cours de ses livres d'enseignement, les caractères typographiques du texte aux besoins auxquels ils répondent. Elle a même fait dans ce genre d'ouvrages des trouvailles heureuses qui ne contribuent pas peu à en rendre l'étude plus claire et par là plus facile. Elle attache en général une grande importance au choix du papier et à la reliure des volumes, qui offrent au point de vue matériel une résistance qui leur assure plus de durée.

Par suite de ces efforts, le développement de cette maison ne s'est pas fait attendre et ses ouvrages ont vite acquis dans les écoles comme dans les lycées une réputation méritée. A citer plus spécialement le « Cours d'histoire » d'Ammann et Coutant orné d'excellentes gravures, un des volumes du cours est en usage dans les écoles allemandes ; le « Cours de géographie » de Dodu, destiné à l'enseignement primaire supérieur et secondaire, a inauguré une méthode nouvelle de descriptions intéressantes, jointe à l'enseignement didactique, croquis simples, faciles à copier par les élèves, photogravures donnant la sensation de la chose vue ; le « Cours de lecture » de Pierre, Minet, Martin ; enfin un « Cours de sciences : arithmétique, géométrie, algèbre » par Jacquet et Laclef; la « Collection d'histoires en images sans paroles » dont le côté ingénieux et vraiment pédagogique a séduit le corps enseignant, et les « Collections de tableaux muraux » pour l'enseignement intuitif, offrant un moyen pratique et utile à la fois de décorer les classes.

Les expositions suivantes ont été faites par divers auteurs. C'est d'abord l'Association sténographique dirigée par M. Albert Navarre qui en est le secrétaire général, et a exposé diverses publications périodiques dont les principales sont un journal de sténographie intitulé : « La Sténographie illustrée », « Le phonetic-Journal », « Le Sténo d'Anvers » et divers journaux en langues étrangères ayant le même but. L'Association sténographique documente les journaux sténographiques et de machines à écrire, cède et échange des clichés, contribue en un mot à soutenir et à développer cette presse spéciale. A notre époque de hâte fébrile, la sténographie joue un rôle qu'on s'accorde à considérer comme très utile, de même que tout ce qui a pour but de simplifier et d'activer les travaux de correspondance. Chez nous cet art commence à se répandre, mais trop lentement, si on compare son état d'avancement avec celui des autres pays, où la plupart des bons commis en possèdent le maniement et s'en servent à la satisfaction des maisons qui les emploient.

M. Emmanuel Ch. Nérini est l'auteur de trois ouvrages techniques sur la musique, qui se trouvaient exposés. Ils ont pour titres : « Théorie complète de la musique », « Nouveau questionnaire de la théorie », et « Réponses au nouveau questionnaire ». Ces ouvrages sont en usage dans les classes du Conservatoire national de musique de Paris et ont été hautement approuvés par une de nos célébrités musicales. C'est assez dire les services qu'ils rendent dans l'étude de la musique.

Le docteur Nicolas avait exposé une grammaire et un dictionnaire d'une langue internationale artificielle qu'il appelle : « Spokil ». On connaît les essais infructueux jusqu'ici tentés pour rendre universelle une langue artificielle. Nous craignons que celui-ci n'ait le même sort que les précédents. Une langue artificielle peut servir de truchement dans la correspondance ; nous doutons qu'on puisse jamais l'utiliser dans le langage usuel, la manière de la prononcer variant à l'infini suivant les peuples. C'est là, à notre avis, l'écueil sur lequel viendront échouer nombre d'efforts, écueil que les codes télégraphiques franchissent de plus en plus avec facilité, comme on en a la preuve tous les jours, car leur rôle se borne à traduire simplement le langage écrit dans n'importe quelle langue. L'effort du docteur Nicolas n'en existe pas moins, mais il ne peut que rester à l'état d'essai.

La Nouvelle Revue fondée en 1878 par Madame Edmond Adam nous a montré la collection de sa publication qui jouit d'une grande réputation en Europe comme dans le Nouveau Monde, et figure en bonne place dans les grandes bibliothèques des Etats-Unis.

M. Pelletan appartient à cette catégorie d'éditeurs de publications artistiques tirées à petit nombre, dont nous avons eu occasion de parler d'une manière si élogieuse. Il avait exposé une série d'ouvrages qui ne le cèdent en rien à ceux de ses confrères, par l'excellente impression du texte et l'illustration remarquable à tous les points de vue.

M. Petrucci est l'auteur d'une méthode de violoncelle qu'il a exposée. Son originalité consiste dans les illustrations au moyen de planches qui enseignent la manière de placer les doigts sur les cordes de l'instrument et par conséquent d'étudier seul à jouer le violoncelle.

Un professeur du Conservatoire national de musique de Paris, M. Philipp, a publié des ouvrages spéciaux qu'il a exposés et qui sont destinés à l'étude du piano pour les degrés élémentaire, moyen et supérieur. Tout le monde connaît les célèbres « Etudes de Czerny », les « Etudes de Chopin » et les « Maîtres classiques du piano ». La plupart de ces ouvrages sont adoptés et servent à l'enseignement à notre Conservatoire de musique et dans les conservatoires de province, en Allemagne, en Belgique, en Amérique, où l'on a consacré d'importantes études à quelques-uns, entre autres, celle de T. P. Carrier intitulée : Isidor Philipp and french piano forte playing.

La librairie Alphonse Picard et fils a été créée par M. Alphonse Picard en 1869. Elle s'est consacrée à l'édition des ouvrages d'histoire et de littérature, d'archéologie, de philologie et de paléographie, de diplomatie et de bibliographie.

Parmi les ouvrages exposés, nous avons remarqué le « Manuel d'archéologie française » ; le « Manuel de paléographie latine et française du VIe au XVIIIe siècle » ; le « Recueil de fac-simile d'écritures du VIe au XVIIe siècle » ; les « Manuels de bibliographie historique » ; le « Répertoire des sources historiques du moyen âge ». Parmi les périodiques, le « Bulletin de l'Académie des Inscriptions et Belles-Lettres » et de l' « Académie des Sciences morales et politiques » ; la « Bibliothèque de l'Ecole des Chartes » ; la « Paléographie musicale » ; le « Bulletin Monumental » ; la « Revue de l'Orient latin » ; et le « Bibliographe moderne ». Depuis 1892, M. Alphonse Picard a trouvé en M. A. Picard son fils, un collaborateur et un associé digne de lui.

Fondée en 1879, la librairie A. Picard et Kaan a pour spécialité l'édition des ouvrages destinés à l'enseignement primaire élémentaire, secondaire et supérieur, à laquelle elle a joint la publication de livres de prix sur une grande échelle. Depuis 1880 elle a édité plus de 700 volumes et publications diverses à l'usage des divers degrés d'enseignement et, depuis 1903, elle est devenue propriétaire de la « Bibliothèque de l'enseignement des Beaux-Arts », collection importante et des plus utiles, qui en est à son 58e volume publié. On pouvait voir à l'exposition une série de publications qui ont été des succès de librairie. Tels les dix cahiers de la « Méthode d'écriture » de Reverdy, imprimée en taille-douce sur machine rotative avec cahiers du maître pour l'explication orale de la leçon d'écriture ; l'« Instruction civique à l'école » de Paul Bert ; la « Méthode de lecture » de Cuissart, consistant dans l'enseignement simultané de la lecture, de l'écriture, de l'orthographe et du dessin, complète en cinq volumes accompagnés de cinq tableaux muraux ; la « Grammaire française » de Rocherolles et Pessonneaux ; la « Bibliothèque d'Instruction et d'Education du citoyen » ; la « Bibliothèque d'enseignement antialcoolique » et un nombre considérable d'ouvrages pour distributions de prix, dont le chiffre atteint 500 volumes depuis 1886, dus à la collaboration d'auteurs en renom, comme André Theuriet, Edgar Monteil, Constant Amero, Victor Tissot, Aulard.

M. François Pichon a succédé en 1883 à MM. Cotillon et Cie, qui créèrent leur librairie en 1836. Il s'occupe surtout de la publication d'ouvrages classiques de droit et de législation comparée. Dans cette voie, ses efforts ont été bien marqués, et le succès qui s'est attaché au « Droit Civil » de Planiol en 3 volumes est peut-être le plus grand des dix dernières années dans la librairie de droit. La librairie Pichon a obtenu les plus hautes récompenses dans les expositions auxquelles elle a pris part et, seule, elle fut mise hors concours à l'Exposition de 1900, M. Pichon faisant partie du Jury comme expert.

Parmi les ouvrages exposés, il faut citer l'« Annuaire de législation comparée », 31 volumes parus depuis sa création en 1871 ; le « Traité de droit commercial » de Lyon-Caen et Renault en 8 volumes. Comme périodiques : la « Revue critique de législation et de jurisprudence », les « Codes français » par Tripier et Monnier, paraissant depuis 1851 et le « Bulletin mensuel de la Société de législation comparée ».

Gravure extraite de « La Légende de l'Aigle »

A. ROMAGNOL, Éditeur à Paris.

En remontant aux origines de la Librairie Plon-Nourrit et Cie, on trouve que Jehan Plon, d'origine danoise, vint s'établir vers 1583 à Mons, en Belgique, où il travailla comme imprimeur. Ses descendants continuèrent sans interruption la profession de leur aïeul pendant plus de deux siècles, et l'un d'eux Philippe Plon vint s'établir et se maria à Paris en 1804 : c'était le père d'Henri Plon. Ce dernier adjoignit à l'imprimerie une nouvelle branche, la librairie, et c'est en 1854 que parurent les premières publications de cette maison. Son fils Eugène prit à la mort de son père, survenue à la fin de 1872, la direction de la maison qu'il garda jusqu'à son décès en 1895, ayant eu comme associés M. Perrin, puis M. Robert Nourrit, son beau-frère, et enfin ses neveux, M. Pierre Mainguet en 1883, Joseph Bourdel en 1884, et M. Adolphe Plon-Nourrit en 1894. Ces trois derniers sont les chefs actuels de cette importante maison. M. P. Mainguet fut longtemps secrétaire du Cercle de la Librairie dont il est actuellement le président ; M. J. Bourdel est vice-président honoraire de l'Union des maîtres-imprimeurs de France et M. Plon-Nourrit, trésorier de la Chambre syndicale des imprimeurs typographes. La maison possède une imprimerie des plus importantes qui, depuis quelques années, a son siège à Meaux. Comme on le voit, les descendants de Jehan Plon ont suivi avec un soin jaloux la carrière qu'avaient embrassée leurs ancêtres et ont su donner à leur maison un brillant développement. C'est pour le démontrer que nous avons tenu à donner un court aperçu des origines et des principales transformations de cette librairie.

En parcourant son catalogue, on ne peut qu'être frappé de la place prépondérante qu'elle s'est faite dans le domaine de l'histoire et des mémoires ou correspondances, de même que dans la littérature générale, romans, voyages, beaux-arts et ouvrages illustrés. Parmi ces derniers brillent au premier plan les albums de maîtres tels que Boutet de Monvel, Caran d'Ache, Forain, Cratty, Job, Mars, qui ont tous une réputation universelle. Qui n'a encore présent à la mémoire le succès sans précédent, pour un ouvrage de ce genre, des « Mémoires du Général Baron de Marbot » ? Les grandes publications historiques de cette librairie ne sont pas moins célèbres, qu'elles soient signées par Albert

Sorel, Thureau-Dangin, Albert Vandal, Walizewski ou Alfred Rambaud. Parmi les auteurs de romans édités par cette maison, les grands noms de Bourget, Melchior de Vogué, Rosny, Henry Gréville, Ernest Daudet, Jean de la Brete, Maizeroy et tant d'autres indiquent assez quelle place elle occupe dans ce genre de publications éminemment françaises. La « Bibliothèque des Voyages » n'est pas moins bien représentée avec le comte de Beauvoir, G. Bonvalot, W. de Fonvielle, Jurien de la Gravière, de Mandat-Grancey, Xavier Marmier et une foule d'autres qu'il est impossible de nommer à cette place.

Tout le monde a admiré à Saint-Louis les belles publications intitulées : « Chantilly », par F. A. Gruyer, et « la Peinture au Château de Chantilly », de même que « Sahara et Sahel », et les « Maîtres d'autrefois », deux ouvrages de E. Fromentin qui ont trouvé un nombre considérable de lecteurs. A signaler aussi les « Œuvres complètes de P. Bourget », l' « Histoire du Second Empire », par de La Gorce, et « l'Europe et la Révolution » par Albert Sorel. Ajoutons enfin la « Revue hebdomadaire », d'un format pratique qui offre à ses lecteurs des lectures variées dues à la plume d'écrivains de premier ordre.

Disons en terminant que sous la direction active et intelligente de ses trois chefs actuels, la librairie Plon a progressé de plus en plus dans la voie que lui ont tracée ses prédécesseurs, s'attachant avant tout à une exécution typographique parfaite et suivant les règles méthodiques qui concourent à obtenir et à publier de bons et beaux livres.

Avec l'exposition de M. J. J. Poulalion, nous rentrons dans les œuvres musicales, dont il a fait sa spécialité depuis 1884, époque où il a fondé sa maison. Les efforts qu'a faits cet éditeur pour favoriser les jeunes talents, parmi les compositeurs ou les dessinateurs, doivent être signalés ici. Parmi les œuvres exposées, citons un « Recueil de vingt motets » de musique religieuse par Léon Roques ; un « Recueil d'impressions brèves » pour piano, par Gaston Paulin ; un volume intéressant de « Chansons Vendéennes » et un « Recueil de Vingt Chansons » du célèbre Pierre Dupont avec accompagnement de piano.

Le docteur S. Pozzi, le savant professeur de gynécologie à la Faculté de Médecine de Paris, avait envoyé quelques-uns de ses ouvrages. Il a organisé à l'hôpital Broca un service de gynécologie qui est considéré en France et à l'étranger comme le plus parfait dans cette branche de la chirurgie. Le magistral et classique ouvrage que ce savant a exposé à Saint-Louis contient l'exposé exact de son enseignement.

M. Gaston Puel de Lobel est à la tête de la Société fermière des Annuaires depuis 1876. Il a consacré ses efforts à ce genre de publications si utiles à l'industrie et au commerce, à notre époque où la publicité joue un rôle si important. Il avait exposé l' « Annuaire alphabétique de l'Armée française pour 1904 » contenant des renseignements fort précieux.

M. Jules Comte a fondé en 1897 une revue d'art, qui, pour les artistes comme pour toutes les personnes de goût, et elles sont nombreuses dans notre pays, est un vrai régal pour les yeux comme pour l'esprit. Son titre est : « La Revue de l'art ancien et moderne ». Elle paraît une fois par mois. A côté d'un texte qui fait autorité parmi les maîtres, on y trouve des reproductions et des dessins originaux présentés d'une manière qui ne laisse rien à désirer au point de vue de l'exécution.

La Revue Illustrée, à la tête de laquelle se trouve M. Franz Namur, avait envoyé sa collection, dont les belles illustrations ont été fort admirées.

Personne n'avait encore eu l'idée de coordonner les études spéciales sur les différents musées ni de présenter une description complète et raisonnée des peintures éparses dans les diverses villes d'Europe. M. Eugène Richtenberger, avec la collaboration de M. Georges Lafenestre, le savant membre de l'Institut, a comblé une véritable lacune en dressant une sorte d'inventaire de toutes les peintures qu'on peut voir dans les différents pays. Ce sont les volumes déjà publiés dans cette riche collection, qui étaient exposés : le « Musée National du Louvre », « Florence », « La

Belgique », « La Hollande », « Venise » et « Rome ». Elle sera continuée régulièrement et, sous la direction de MM. Lafenestre et Richtenberger, on visitera successivement Paris, où tant de richesses artistiques sont conservées, et la France, si digne de l'attention des amateurs d'art avec ses deux cents musées de province. Les volumes sur la peinture hors de France paraîtront concurremment et nous feront visiter les musées et collections particulières d'Italie ; l'Allemagne du Nord et l'Allemagne du Sud, l'Angleterre, la Russie et la Suède viendront ensuite.

M. Emile Risacher avait exposé l' « Annuaire des Artistes », dont il est l'auteur. Cette publication, dont la création remonte à 1886, est le seul document donnant des renseignements sur le monde musical et théâtral du monde entier. Ce précieux annuaire possède six cents agents-correspondants dans toutes les capitales. L'industrie de la fabrication des instruments de musique et le commerce de la musique y trouvent des renseignements très utiles, car il les met à même de connaître les adresses de près de 600.000 individualités que comptent les artistes, professeurs et sociétés musicales. Le volume, qui a débuté avec 200 pages, en possède actuellement plus de 1500 et a un gros tirage.

Créée en 1887 par Emile Testard, pour éditer les Œuvres de Victor Hugo et de Molière, la « Librairie de la Collection des Dix » termina ces deux grandes publications en 1895. A la mort de son fondateur en 1897, le fonds fut partagé entre deux maisons : l'une fit l'acquisition des deux publications ci-dessus ; l'autre, que dirige M. A. Romagnol, continua la publication d'ouvrages de grand luxe dans la Collection des Dix. Depuis cette époque, cette dernière s'est augmentée de plusieurs volumes et chaque ouvrage se trouve épuisé, lors de sa mise en vente, par les souscriptions prises d'avance par les amateurs. On jugera du soin apporté à la fabrication de ces volumes, quand on saura que chacun d'eux est imprimé sur papier spécialement fabriqué à cet effet, qu'il est illustré et gravé par un de nos plus grands artistes, peintre ou graveur, et tiré seulement à trois cents exemplaires numérotés. N'étant jamais réimprimés, ces exemplaires deviennent très rares, d'autant plus que la fabrication est irréprochable tant au point de vue artistique que matériel, car toute gravure qui ne donne pas entière satisfaction est impitoyablement détruite et recommencée.

M. Romagnol appartient à cette catégorie d'éditeurs-artistes, dont nous avons parlé plus haut à propos d'expositions similaires et dont l'œuvre fait grand honneur à la librairie française. Parmi les livres exposés on peut citer : « Scènes de la vie de Bohême », gravure à l'eau-forte en couleurs ; « le Lys rouge », même gravure ; « Boule de suif », gravure sur bois ; « Thaïs », avec gravures à l'eau-forte en noir dans le texte et hors texte ; « Chroniques de la Jacquerie », texte manuscrit noir et rouge, eaux-fortes en noir dans le texte ; enfin « Le Passant », texte manuscrit en taille-douce sur la même planche que la gravure. (*Voir spécimen d'illustration page 97.*)

Le Docteur Henri de Rothschild s'est spécialisé dans la pédiatrie et l'étude des questions se rattachant au lait et à l'alimentation des enfants du premier âge. Il s'est distingué de bonne heure par ses publications médicales et scientifiques. Les recherches et les observations qui en forment la base ont été faites, soit au dispensaire qu'il a fondé à Berck-sur-Mer, soit à la polyclinique qu'il a créée à Paris. Ces deux institutions, qui portent son nom, ont été fondées et sont entretenues aux frais du Dr Henri de Rothschild.

Parmi les publications exposées, il faut citer particulièrement celles qui traitent de l'alimentation des nouveau-nés, telles : « Quelques observations sur l'alimentation des nouveau-nés et de l'emploi raisonné du lait stérilisé ». C'est le premier travail d'ensemble qui ait été fait sur l'allaitement artificiel par le lait stérilisé ; il est illustré de nombreux graphiques et a valu à son auteur une médaille d'argent de l'Académie de Médecine. Puis « l'Allaitement mixte et l'allaitement artificiel », où se trouvent exposées les théories de ces deux modes d'allaitement, ouvrage de grande valeur, qui a reçu une médaille d'or de l'Académie de Médecine et le prix Chevillard décerné par la Faculté de Médecine de Paris ; « l'Hygiène de l'allaitement », qui est le résumé de la thèse de doctorat passée en 1898 par le Dr H. de Rothschild et est destiné à vulgariser les notions d'hygiène de l'allaitement ; il a été traduit en italien en 1902.

Dans la voie si féconde de la bibliographie, l'auteur s'est signalé par un véritable tour de force, en établissant la « Bibliographia lactaria » ou bibliographie générale des travaux parus sur le lait et l'allaitement depuis le quinzième siècle jusqu'à nos jours, vaste travail des plus complets donnant environ douze mille indications bibliographiques classées par matières, par années et par ordre alphabétique de noms d'auteurs. Il permet de se renseigner rapidement sur ce qui s'est publié dans les diverses langues d'Europe en ce qui touche au lait et à l'allaitement. Cette précieuse bibliographie a été continuée par des suppléments et paraît désormais dans la « Revue d'hygiène et de médecine infantiles », périodique fondé en 1902 par le Dr H. de Rothschild. Il contient des mémoires originaux, des analyses de travaux de pédiatrie et des variétés ; chaque numéro est illustré de figures en noir et en couleurs et de planches hors texte.

Citons encore « L'Industrie laitière en Danemark », rapport remarquable, adressé au Ministre de l'Agriculture par l'auteur chargé de mission en 1902. C'est l'exposé très consciencieux et richement documenté de l'état actuel de l'industrie laitière au Danemark ; il est illustré de trente-deux planches hors texte et de figures dans le texte. Terminons par un ouvrage très important dont le tome Ier était exposé, « Traité d'hygiène et de pathologie du nourrisson et des enfants du premier âge », publié sous la direction du Dr H. de Rothschild, avec la collaboration des spécialistes les plus en renom. Les tomes II et III ont paru depuis, et tout l'ouvrage est illustré de nombreuses figures, provenant en majeure partie de la collection de photographies, prises à l'atelier spécial installé à la polyclinique de M. H. de Rothschild.

M. Alexis Rouquette est aussi du nombre des éditeurs d'ouvrages artistiques tirés à petit nombre pour les amateurs ; la recherche du fini et le soin méticuleux, qui président à l'établissement de ces sortes de publications, les font rechercher par une élite qui seule souscrit les exemplaires avant la mise en vente. Telle est la spécialité de la librairie Rouquette, fondée en 1858 par le père du propriétaire actuel. Cette dernière a voulu montrer à Saint-Louis un spécimen de tous les genres qu'elle a abordés, depuis l'eau-forte jusqu'à la gravure en couleurs à plusieurs tons.

Parmi les œuvres exposées, on pouvait admirer : « Point de lendemain » et les « Petits Contes d'Hégésippe Moreau », dessins reproduits par l'eau-forte en noir ; les « Vingt Masques », par l'aquarelle à la main ; « Une rue de Paris », par le coloris au patron ; « Premier amour », de Charles Nodier, par la gravure sur bois ; « Celle-ci, Celle-là », par la gravure en deux tons, à l'eau-forte, où l'éditeur est parvenu à faire rendre à la gravure, par la superposition de deux planches repérées, la finesse et la beauté du coloris ; « L'Enlèvement de la redoute », par la gravure en couleurs en quatre tons et avec texte gravé. C'est le premier ouvrage avec texte gravé et illustré page à page de gravures en couleurs. L'essai en avait déjà été fait sur un autre ouvrage, mais pour des gravures isolées. La difficulté du tirage a été augmentée à cause de la présence de trois ou quatre aquarelles en quatre tons chacune, ce qui a nécessité par feuille 12 à 16 tirages à la presse. On voyait également exposé le « Manuel de l'amateur de livres du XIXe siècle », par Vicaire, qui est le véritable complément du « Manuel du libraire », par Brunet. On y trouve décrites avec le plus grand soin toutes les publications qui, par leur intérêt ou leur luxe, méritent de fixer l'attention des bibliophiles. Cet ouvrage a été couronné par l'Académie des Inscriptions et Belles-Lettres, prix Brunet.

Fondée en 1885, la librairie Georges ROUSTAN, s'est consacrée exclusivement, depuis quelques années, aux publications officielles et législatives. Ce sont autant de documents qui rendent de grands services aux spécialistes et leur offrent une source de renseignements utiles sinon indispensables. Parmi les ouvrages exposés signalons : l' « Encyclopédie municipale de la Ville de Paris » ; l' « Annuaire du Parlement » fondé en 1898, continué par une nouvelle série 1900 et formant une encyclopédie parlementaire ; « Responsabilité des accidents du travail » ; « Société de secours mutuels » ; « Contrat d'Association » ; « Marine marchande » et quelques ouvrages d'économie sociale : la « Crise agricole », par Vallat ; « Le paysan et la crise rurale », par Magnier.

M. Edouard ROUVEYRE, qui créa sa librairie en 1871, s'est consacré principalement à l'édition des publications bibliographiques et de bibliophilie et à celles d'art décoratif. Tout le monde des bibliophiles connaît l'ouvrage dont il est l'auteur : « Connaissances nécessaires à un bibliophile » en 10 volumes, dont la première édition parut en 1877 sous la forme d'un petit volume in-8° de 78 pages. La deuxième fut publiée en 1878 en un petit in-12 de 119 pages, la troisième en 1880 avec un petit in-8° de 200 pages. En 1883, l'enfant avait grandi au point de former à sa quatrième édition deux volumes in-8° de près de 200 pages chacun ; enfin la cinquième, définitive celle-là, a paru récemment et comprend 10 volumes in-8° illustrés de 1800 figures. Il y a là un effort personnel d'auteur et d'éditeur digne des plus grands éloges. A cet ouvrage sont venus se joindre, dans le même ordre d'idées, une foule d'autres qu'il serait trop long d'énumérer. Qu'il suffise de citer les plus connus : « Les amateurs de vieux livres » ; les « Miscellanées bibliographiques » ; « Un bouquiniste parisien » ; l'« Art de former une bibliothèque » ; « Les livres à vignettes du XVe siècle jusqu'à la fin du XVIIIe » ; « Les livres à vignettes du XIXe siècle » ; « Guide du libraire-antiquaire » ; « Les livres à clef ».

Dans le domaine de l'art décoratif : « L'Orfèvrerie française des XVIIe et XVIIIe siècles », par Bouchot ; « L'Art dans la maison », par Havard ; « L'Art de bâtir chez les Egyptiens » ; « Histoire de l'architecture » ; enfin les volumes si documentés : « Comment discerner les styles du VIIIe au XIXe siècle », par Roger-Milès, critique et historien d'art d'une haute érudition, et les « Manuscrits inédits de Léonard de Vinci », en 32 volumes, avec reproductions en fac-simile d'après les manuscrits originaux. Tous ces volumes sont richement illustrés et forment un ensemble qui fait le plus grand honneur à M. Rouveyre, autant comme auteur averti des choses de notre profession en même temps que de tout ce qui touche à l'art, que comme éditeur soigneux et travailleur infatigable.

M. Henri SARRIAU est un numismate des plus distingués. On pouvait voir à Saint-Louis les ouvrages sur cette science, qu'il avait exposés et qui témoignent d'une parfaite érudition dans cette spécialité.

La librairie SCHLEICHER FRÈRES et Cie, fondée en 1849 par M. Reinwald, oncle des chefs actuels, MM. Adolphe et Charles Schleicher, avait exposé surtout des ouvrages d'histoire naturelle. C'est une des plus importantes, dans ce genre de publications, autant par la renommée de ses auteurs français et étrangers que par les publications elles-mêmes, qui témoignent d'un soin tout particulier apporté à leur impression. De tout temps elle a édité les traductions françaises des sommités de la science à l'étranger : Darwin, Haeckel, Büchner, Carl Vogt, Lombroso, et s'est trouvée amenée à partager son activité entre les sciences biologiques, la philosophie et les sciences sociologiques.

Dans la vitrine de MM. Schleicher on pouvait voir les 30 volumes des « Archives de zoologie expérimentale » fondées par M. H. de Lacaze-Duthiers et continuées sous la direction de MM. G. Pruvot et E. G. Racovitza. Cette publication qui comprend les travaux de recherches, faits dans les laboratoires de zoologie expérimentale de Roscoff et de la station maritime de Bagnuls-sur-Mer, est au point de vue scientifique une des plus recherchées par les savants ; la « Zoologie concrète », par MM. Yves Delage et Edgar Hérouard, dont six volumes sont publiés ; « L'Année biologique » et diverses collections : « Bibliothèque des sciences contemporaines » ; « Bibliothèque de pédagogie et de psychologie » ; « Bibliothèque d'histoire et de géographie » ; « Petite encyclopédie du XIXe siècle » ; « Les livres d'or de la science » ; la « Bibliothèque des méthodes dans les sciences expérimentales ». Enfin comme périodiques les « Archives de psychologie » ; « l'Homme préhistorique » ; la « Revue générale de bibliographie française » et les « Archives de zoologie » citées au début de cette notice.

Parmi les expositions individuelles de librairie française, l'architecture était représentée par M. Charles SCHMID. Sa maison, fondée par M. Ducher en 1870, et qu'il a reprise en 1895, a pour spécialité d'éditer des livres d'architecture et d'art industriel. Son but se trouve parfaitement défini par les ouvrages exposés :

pour le classique, publier de grands ouvrages qui, outre l'inédit, résument ce qui a été reproduit dans les monographies isolées et dans les recueils divers, le tout classé méthodiquement par style et par pays avec des tables analytiques ; pour le moderne, suivre au contraire au jour le jour tous les efforts artistiques. Cette méthode qui consiste en somme à présenter aux acheteurs du document, pour ainsi dire raisonné, a été couronnée de succès, et à l'étranger, aux Etats-Unis notamment, les ouvrages de la librairie Schmid sont très estimés et recherchés.

Nous avons remarqué parmi les ouvrages exposés : « Fragments d'architecture antique » et « Fragments d'architecture de la Renaissance », par d'Espouy ; « Histoire et philosophie des styles », par Havard ; « Nouveaux Eléments d'architecture moderne », par Lambert ; « Les Cathédrales de France », publiées sous le patronage de la direction des cultes ; enfin l' « Encyclopédie du meuble du XVe siècle jusqu'à nos jours », ouvrage illustré de planches qui constituent une source de documents des plus précieuses. Deux périodiques, « l'Architecture » et « l'Art du théâtre », font également partie du fonds de cette librairie.

M. Emile SCHMOLL, qui est en même temps auteur et journaliste de profession, avait exposé le plan d'un projet de cercle ouvrier, accompagné d'une brochure descriptive. A une époque où tous les efforts tendent à l'amélioration de la condition des ouvriers, ce travail est d'un intérêt marqué pour les spécialistes.

M. Maurice SCHWOB, de Nantes, est l'auteur d'un « Répertoire d'ouvrages sur le nivellement général de la France » qu'il avait exposé.

On éprouve toujours une réelle satisfaction, doublée de plaisir à examiner une collection de livres artistiques dans la forme. A Saint-Louis cette satisfaction s'est répétée et nous a été offerte, nous l'avons dit plus haut, par bon nombre de maisons s'adonnant à cette spécialité, qui jette sur notre corporation un éclat tout particulier ; nous en avons été fier, car elle est prisée au plus haut degré à l'étranger. La SOCIÉTÉ DES CENT BIBLIOPHILES, qui a pour président M. Eugène Rodrigues, a ceci de commun avec nos confrères de la même spécialité, c'est que depuis sa création en 1895 elle n'a cessé de faire les efforts les plus énergiques pour donner au livre illustré contemporain une forme qui ne laissât rien à désirer, chargeant de véritables artistes de la décoration de ses typographies, et leur demandant des œuvres entièrement originales ; c'est assez dire qu'elle a banni toute œuvre qui est une copie. En un mot on constate que toutes les illustrations des publications de la société ont été imaginées, composées, gravées sur bois ou sur cuivre ou lithographiées par un seul artiste pour chaque ouvrage, interprétant sa propre inspiration, ce qui est bien le propre d'une œuvre originale et contribue à donner à l'ensemble des œuvres éditées des formes plus libres, plus variées. Elles offrent cependant chacune une unité d'ensemble, qui en fait un tout harmonieux, car on peut poser en principe que l'illustration d'un livre, le plus digne des bibliophiles, doit être l'œuvre personnelle d'un artiste. Ainsi les lithographies en couleurs de Heidbrinck et de Lemois, les bois en couleurs de Delcourt et de Lepère, les eaux-fortes de A. Rassenfosse ont été gravés par ces artistes eux-mêmes.

La Société française d'Editions d'art avait exposé ses collections de livres pour enfants destinées à tous les âges. Bien imprimés et ornés de jolies illustrations, ils témoignent d'une fabrication très soignée. Une série de beaux volumes, également illustrés et fort bien édités, figuraient aussi dans la vitrine de cette société.

Une autre société, qui consacre également ses efforts à des manifestations d'art, est la Société de propagation des livres d'art. Fondée en 1869, elle s'est assigné pour but de favoriser la publication des livres destinés à répandre la connaissance et le goût de l'art et de développer l'enseignement du dessin. A cet effet, elle édite chaque année un livre ou une gravure d'art, auxquels ont droit gratuitement tous les membres de la société. Elle peut décerner des prix à titre d'encouragement aux élèves qui se sont distingués dans l'étude du dessin. Ainsi il n'est pas étonnant que, s'inspirant de ce programme et l'ayant suivi rigoureusement, la société ait mis au jour des publications de tout premier ordre, dont nous avons pu voir les spécimens à Saint-Louis, tels : « Louis Bailly, peintre, dessinateur et lithographe », par Henri Harisse, illustré de vingt planches hors texte et de figures dans le texte ; « Le Palais Royal », par Victor Champier et G. Roger Sandoz en deux volumes ; « La Bièvre, les Gobelins, Saint-Séverin », par J. K. Huysmans, illustré de trente gravures sur bois et de quatre eaux-fortes, et d'autres ouvrages qui témoignent du souci qu'a la Société de ne publier que des œuvres de choix éditées avec le plus grand soin.

M. Paul Souze s'est établi en 1880 et s'occupe exclusivement de faire les plaques et fers spéciaux à l'ornementation de la reliure. Il avait exposé des épreuves de plaques dorées ou imprimées en couleurs et une collection de fers nouveaux qui nous ont montré avec quel art et quelle finesse travaillent nos ouvriers français dans cette spécialité où ils excellent. M. Souze a transformé l'industrie tout artistique dont il est un des plus importants, sinon le plus important représentant à Paris, et après une lutte d'un quart de siècle il est parvenu, grâce à un outillage perfectionné, à la développer au point de refouler ses concurrents de l'étranger, dont les éditeurs et relieurs étaient jadis tributaires et à les concurrencer au delà de nos frontières. Nous ne pouvons donc, nous, éditeurs français, qu'être reconnaissants à M. Souze et lui savoir gré de ses efforts.

Fondée en 1871 par M. Decaux, la Librairie illustrée, qui a à sa tête actuellement M. Jules Tallandier, n'a pas tardé à se faire connaître très rapidement par ses nombreuses publications en livraisons à grands tirages et par les ouvrages de grand luxe qu'elle a édités parallèlement.

A côté de ces publications artistiques et populaires, elle a publié une foule d'autres éditions qui ont contribué puissamment à la vulgarisation des connaissances pratiques indispensables à tous. Certaines de ses grandes publications sont universellement connues ; telles que le « Dictionnaire encyclopédique universel illustré » de Jules Trousset, qui a eu un si grand succès ; le

« Journal des voyages » qui paraît depuis 27 années; l' « Histoire générale de la guerre franco-allemande », par le lieutenant-colonel Rousset; les beaux ouvrages sur les « Expositions universelles de Paris de 1878, 1889 et 1900 ».

Enfin la Librairie illustrée a fait œuvre utile en entreprenant de vulgariser les chefs-d'œuvre de la musique par la publication à très bon marché des meilleures partitions pour piano et chant de nos grands musiciens, sous le titre de « Editions musicales économiques ». La série des chefs-d'œuvre de chant n'est pas moins remarquable, autant par le choix des mélodies classiques qui la composent que par le soin apporté dans l'adaptation des paroles traduisant, aussi fidèlement qu'il est possible, le sens et l'idée que l'auteur a voulu mettre dans sa composition. A citer encore « l'Album », document unique, véritable musée de la caricature en France, composé de 360 pages d'aquarelles et dessins inédits de toutes les gloires du crayon; la collection des « Éditions artistiques illustrées » qui comprend les chefs-d'œuvre de la littérature française. Comme périodiques : le « Photographiste », revue universelle de photographie luxueusement éditée et le « Journal des voyages » déjà cité, revue hebdomadaire aussi instructive qu'amusante.

Bien que le genre de publications qu'édite M. Alphonse Taride eût dû le faire concourir dans le Groupe XVIII, notre confrère a tenu à exposer avec la collectivité du Cercle de la librairie. Il n'a pas voulu sans doute courir le risque qu'on oubliât, comme en 1900, d'examiner son exposition.

Fondée en 1880, la librairie Taride s'occupe surtout d'éditer des cartes routières destinées aux touristes. A une époque où la bicyclette et l'automobile tiennent, on peut le dire, le haut du pavé, l'idée de M. Taride a été particulièrement heureuse, car elle venait à son heure et son succès a été inouï. Il avait exposé la collection de 25 feuilles de sa « Carte routière de France au 1 : 250.000 »; la « Carte routière des environs de Paris » et une grande « Carte physique et politique de la France au 1 : 1.000.000 », tirée sur grand format en huit couleurs. La collection des cartes routières est très connue et, en raison des services qu'elle rend au tourisme, elle est classée au premier rang dans l'estime du public. Aussi l'Automobile-Club de France lui a-t-il décerné une grande médaille. Si elle possède les garanties d'exactitude qu'on lui reconnaît, elle le doit à la précieuse et dévouée collaboration des ingénieurs, conducteurs des ponts et chaussées, et agents-voyers auxquels M. Taride a eu l'heureuse inspiration de s'adresser. Aussi son tirage annuel atteint-il un chiffre élevé, estimé à 200.000 exemplaires.

M. Emile Terquem fonda sa maison en 1877 à son retour d'un voyage aux Etats-Unis, où il possède de nombreux et importants clients parmi les libraires et les grandes bibliothèques. Spécialisé presque exclusivement dans le commerce d'exportation des livres et journaux français, il a édité aussi plusieurs ouvrages, dont on voyait à Saint-Louis des spécimens, comme la « Bibliographie des Bibliographies », par le savant bibliothécaire de la Bibliothèque nationale, M. Léon Vallée, et la « Bibliothèque nationale », par le même auteur. M. Terquem était à Saint-Louis le représentant du Cercle de la librairie, comme il l'avait été à Philadelphie en 1876 et à Chicago en 1893, et on peut dire qu'il y fut le *right man in the right place.*

La France compte parmi les éditeurs de province des maisons importantes, qui malheureusement sont venues peu nombreuses à Saint-Louis. Elles avaient eu cependant à Paris, à l'Exposition de 1900, un succès réel. Au nombre de ces derniers, M. Emile Thezard, de Dourdan, n'a pas craint de faire faire la traversée de l'Atlantique à ses belles publications d'architecture, de décoration et d'ameublement, où sont traités tous les styles, y compris l'art nouveau. Outre les documents riches et variés qu'il a offerts par ses ouvrages aux artistes et aux ouvriers, M. Thezard a facilité au moyen de faibles versements mensuels, à ceux d'entre eux qui étaient les moins fortunés, l'achat de publications qui a contribué à développer chez ces déshérités de la fortune leurs connaissances artistiques. On a remarqué surtout parmi les ouvrages exposés les suivants : « Ameublements complets de tous styles » ; l' « Architecture moderne à Paris » ; « Tentures de fenêtres » ;

« Architecture usuelle » ; enfin la « Ferronnerie moderne » et « Peintures décoratives et Tentures de style moderne ».

M. René Valette a pour spécialité originale de publier des ouvrages qu'il a intitulés : « Livres d'or » et qui sont, comme organes techniques, les intermédiaires entre les savants, artistes, ingénieurs, industriels, agriculteurs, et le public désireux de connaître les progrès et les perfectionnements réalisés dans les sciences, les arts et les différentes branches de la production nationale. C'est en somme une œuvre de vulgarisation que fait M. René Valette à sa manière, en publiant ces Livres d'or qui sont légion et parmi lesquels il faut signaler tout particulièrement le « Livre d'or des Sciences et de l'Industrie française ».

S'il est un rêve qu'a dû faire chacun de nous, mais en vain, c'est celui qu'a réalisé la librairie Vermot, dont le chef a pu consacrer depuis 1885 tous ses efforts et toutes ses forces à une seule publication : l' « Almanach Vermot ». Il n'est donc pas surprenant que M. Vermot, n'ayant qu'une pensée, et un but unique, dont aucune autre publication n'est venue le distraire, après avoir débuté, par un tirage de vingt mille exemplaires en 1885, soit parvenu, après vingt ans d'efforts persévérants, à le porter successivement à un chiffre quinze fois supérieur.

C'est sans contredit la publication française qui, dans son genre, a obtenu la plus grande diffusion en France. Il est bon d'ajouter que le souci de faire bien et de présenter chaque année à ses lecteurs des illustrations entièrement neuves, a été pour beaucoup dans le succès de cet almanach. De plus, il fallait le rendre accessible au plus grand nombre en le vendant un prix modique. Malgré le kilogramme de papier qui reçoit l'impression d'un seul exemplaire, malgré ses 500 pages illustrées, il n'est vendu qu'un franc net aux libraires. La difficulté à surmonter n'était pas mince ; notre habile confrère a su la vaincre.

Nous avons pu examiner les deux volumes parus du « Répertoire général du commerce national et international » dont

M. Emmanuel Vigues est le directeur et fondateur depuis 1900, époque où il a commencé ses travaux. Ces deux gros volumes ont pour titres « Italie-France » et « Etats-Unis-France », ce dernier précédé d'une préface de M. Hanotaux, membre de l'Académie française et ancien ministre des Affaires Etrangères. L'œuvre du Répertoire est une œuvre qui n'avait été entreprise jusqu'ici dans aucune langue ni dans aucun pays. Elle tend à rendre accessibles à tout le commerce extérieur ou d'exportation, en les groupant, tous les renseignements indispensables à ce commerce. De telle sorte que le négociant peut avoir sous la main toutes les connaissances nécessaires pour faciliter et développer ses opérations et ses échanges avec les diverses contrées du globe.

L'ensemble des volumes du Répertoire constituera donc, au fur et à mesure qu'ils paraîtront, une véritable Encyclopédie de l'industrie et du commerce du monde entier. Chaque pays fait l'objet d'un volume séparé avec texte en langue étrangère et texte français en regard, et chaque volume comprend l'étude comparée du commerce de la France avec ce pays, tant au point de vue de l'importation que de l'exportation. L'œuvre est importante et intéressante à plus d'un titre. Elle peut rendre de grands services à l'industriel et au commerçant à la condition toutefois d'être tenue à jour par des suppléments annuels, surtout pour certains pays où les échanges se modifient rapidement.

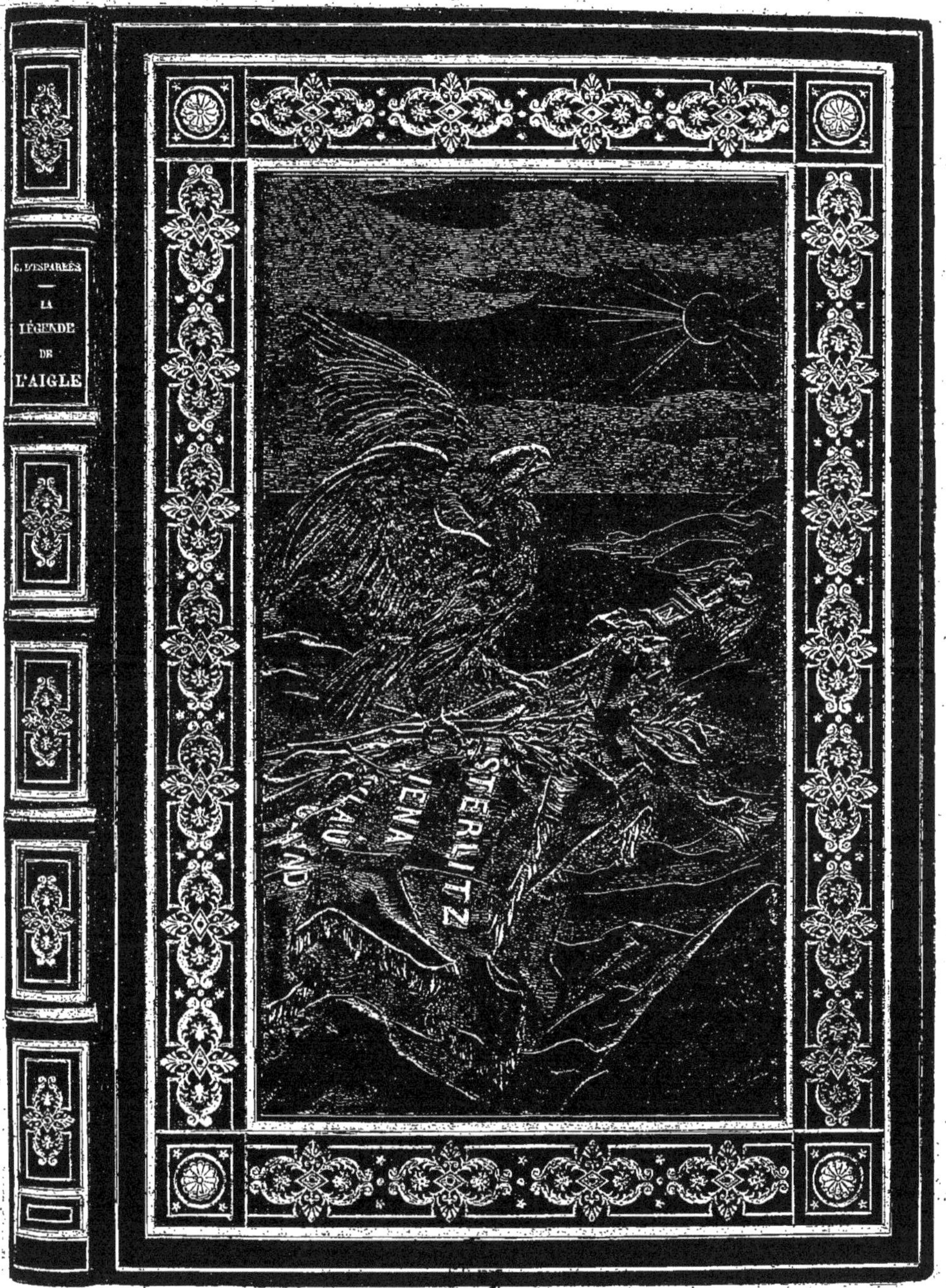

LA LÉGENDE DE L'AIGLE.

Reliure exécutée en cuir ciselé, en or et en mozaïque.

par L. GRUEL.

RELIURE

A Saint-Louis la reliure française a brillé d'un éclat incomparable et a excité l'admiration de tous les visiteurs. Il est incontestable, de l'aveu unanime des étrangers, qu'aucun pays n'a pu égaler la France dans cet art où excellent nos maîtres-relieurs, qu'il s'agisse de la reliure artistique ou de la reliure commerciale. C'est donc avec orgueil que nous enregistrons le succès sans précédent qu'a obtenu la section française de la reliure. Elle ne comptait que quinze maisons, mais toutes ont ravi les yeux par des travaux d'une finesse exquise et d'un goût impeccable.

M. Affolter a fondé sa maison en 1881 et s'est spécialisé dans la reliure pour amateurs, ne livrant au public que des travaux artistiques. A signaler la reliure de « L'Aiglon », des « Mémoires d'un volontaire » et de « La Poste aux rêves » où pour l'habillage de ces chefs-d'œuvre on trouve le bon choix des ornements et des couleurs, allié à la finesse d'un travail méticuleux.

La maison L. Bahon-Rault de Rennes, fondée en 1843 par M. Fougeray, n'est sous la direction de son chef actuel que depuis 1901. Elle possède un outillage qui lui permet d'exécuter rapidement et de satisfaire aux demandes de grands éditeurs de Paris. Elle s'est spécialisée surtout dans la reliure des paroissiens, missels et autres livres du même genre et elle a respecté ceux des anciens procédés que la tradition a consacrés comme excellents, sans négliger les avantages que procure un outillage moderne. A signaler parmi les reliures exposées : « La Poésie », par S. A. R. le Prince Oscar Frédérik, actuellement Oscar II, roi de Suède, plein maroquin cèdre, gardes peau, galerie dorée, chagrin noir tranches jaunes, jaspées rouge et bleu, le tout cousu d'après un procédé nouveau et spécial à cette maison, qui rend le dos du volume absolument élastique ; « Celui qu'il faut aimer », par A. Simonnet, vélin plein, dorure fantaisie, tranches or mat. La maison Bahon-Rault a été la seule des maisons similaires de la province qui ait exposé à Saint-Louis, et il faut l'en féliciter.

C'est en 1845 que M. Duru ouvrit son atelier de reliure et, en peu de temps, il sut lui faire une place remarquée dans cet art si français. La maison fut reprise par M. René Chambolle qui la continua sous la raison commerciale, CHAMBOLLE-DURU, en souvenir du fondateur. Sa spécialité a toujours été la reliure des volumes en maroquin plein, et la maison s'est entièrement consacrée à ce genre à l'exclusion de tout autre. Tout en suivant la voie que tracent le goût et la mode de chaque époque, M. Chambolle, nourri des bonnes traditions, s'est gardé de tomber dans l'excentricité et d'appliquer à ses reliures une décoration qui eût choqué le goût pur : il faut lui en savoir gré. La reliure romantique du volume « la Femme de trente ans », entièrement dorée et gaufrée à la main, nous a surtout frappé, de même que celle du « Broyeur de lin » dont la dorure extérieure est faite à la main, avec des filets gras et maigres, et l'intérieur garni de mosaïques rapportées de divers tons formant céramique. Ces deux reliures sont d'une exécution extrêmement difficile, et l'exposant s'en est tiré à son grand honneur. A citer encore la reliure de « Fleurs de cyclamens » où, tout en sacrifiant au goût du jour, l'artiste a su rester dans les limites de la saine tradition.

Les COURS PROFESSIONNELS du SYNDICAT DE LA RELIURE ET DE LA BROCHURE constituent une institution des plus utiles qui rend de grands services à nos industries. Elle a pour but de conserver les traditions et les vrais principes qui servent à former ces ouvriers uniques dans l'art de la reliure, dont la France a le droit d'être si fière, car il a brillé à Saint-Louis d'un éclat qui n'avait pas encore été égalé jusqu'ici. Les élèves ou apprentis exécutent les travaux de reliure et de dorure, et on a pu voir à l'Exposition des échantillons de leur travail. Le Jury, pénétré de l'excellence de cette nstitution dont il a apprécié la portée et l'utilité, lui a accordé une de ses meilleures récompenses. Il faut féliciter M. Lemale, son habile directeur, des résultats obtenus.

La maison David a été fondée en 1855 par B. David, père de M. S. David, le chef actuel, qui s'est attaché à conserver les traditions de son fondateur et a vu sa maison prospérer d'une manière continue. Il ne fait que la reliure d'art et, en particulier pour Saint-Louis, il a montré par les produits exposés qu'un grand effort avait été fait. Tel le volume : « La Vie de N.-S. Jésus-Christ » exécuté en maroquin plein avec incrustation d'une plaquette en bois, tracé et peint à la cire, des feuilles de palmiers mosaïquées en camaïeu viennent encadrer le motif central ; tel aussi un « Musset », reliure pleine mosaïquée ; la tête de grisette, inspirée par une des illustrations du volume, est en cuir ciselé et incrusté ; enfin le volume de la « Légende dorée » en maroquin plein avec motif principal sur veau blanc dans le sentiment des belles miniatures du XIIIe siècle ; le fond est abaissé au matoir et les ornements teints en réserve, le tout formant un ensemble absolument nouveau et de plus original. Un petit dictionnaire dont la taille lilliputienne aurait pu faire reculer le praticien le plus patient en même temps que le plus habile, était relié en maroquin plein doublé, tout comme le plus gros in-quarto.

Toutes les reliures exposées par la maison Michel Engel ont été faites de 1897 à 1904 : c'étaient donc tous modèles nouveaux. Son exposition était faite exclusivement au point de vue industriel mécanique et ne contenait que des reliures et des cartonnages exécutés par grandes quantités pour les éditeurs, imprimeurs, auteurs. Tels : « Jésus-Christ », par Tissot ; « Histoire de l'art au Japon » ; « Le Roy Soleil » ; « Quo Vadis ? » ; « L'Album historique » de Lavisse. La maison fut fondée en 1838 par le père du propriétaire actuel. De 1860 à 1904 le personnel des ateliers a passé de 30 au chiffre de 500 ouvriers et ouvrières et le chiffre d'affaires s'est élevé d'une manière considérable.

En 1863, fut construit sur un terrain de la rue du Cherche-Midi, sur une superficie de 3.000 mètres carrés, un atelier spécialement organisé pour la production industrielle de cartonnages et de reliures. C'est là que fut employée pour la première fois en France la vapeur comme force motrice pour actionner les divers outils et machines construits pour cette industrie, en majeure partie dans les propres ateliers de mécanique de la maison Engel. En 1901 un incendie vint réduire en cendres ce grand établissement, remplacé l'année suivante par un autre édifice sur un emplacement double de l'ancien. Il occupe actuellement un espace de 1.200 mètres carrés, précédé d'une cour de service de 600 mètres où sont installés écuries, remises, groupe électrogène, moteurs, chaudières, ateliers de mécanique, menuiserie, gravure au burin. Le rez-de-chaussée a une hauteur égale de quatre mètres et supporte deux galeries transversales d'une hauteur de trois mètres cinquante où l'air et la lumière entrent à profusion. Les ateliers occupent une surface totale de 3.600 mètres, ce qui, avec la cour qui les dessert, forme une superficie totale de 4.200 mètres. C'est le plus grand établissement qui ait été construit et outillé en France pour la reliure, le cartonnage et la dorure.

Si des vastes ateliers de reliure de M. Engel nous passons à ceux plus modestes de M. Léon Gruel, nous entrons dans le sanctuaire de l'art. Au lieu du bourdonnement des machines à estamper les reliures, règne ici le calme qui convient à un temple servant d'abri à l'art. Fondée il y a près d'un siècle, en 1811, cette maison n'a fait pour ainsi dire que de l'art. Aussi à Saint-Louis, comme à Chicago, comme à Paris, comme partout, les amateurs se pressaient-ils devant la vitrine des relieurs français parmi lesquels les œuvres d'art de M. Léon Gruel brillaient au premier plan. A signaler particulièrement: « Manuel historique et bibliographique de l'amateur des reliures » ; « Histoire du Chien de Brisquet », avec bouquet de houx en relief et ornements mosaïque ; « Le Passant », en maroquin plein avec lyre et branche de laurier mosaïque ; « Les Noces Corinthiennes », merveilleux travail polychrome du plus bel effet par sa disposition heureuse des couleurs avec feuilles blanches qui égayent et rehaussent le dessin. *(Voir reproduction de reliure page 113.)*

La maison qu'a fondée M. René KIEFFER en 1901, bien que de date récente, a exposé des spécimens de reliure fort réussis qui dénotent un caractère moderne des plus accusés, joint à l'emploi le plus judicieux des couleurs de maroquin formant les mosaïques. L'ensemble des neuf reliures de sa vitrine donne l'impression d'un fini qui témoigne de la perfection dans l'exécution. A citer tout particulièrement : « Le Lion amoureux », jolie reliure d'in-16 mosaïque polychrome ; « L'Ane », reliure maroquin violet et mosaïque polychrome ; « La Fille Elisa », belle reliure avec ornements noirs, or et bleu, d'un joli effet.

La maison Marcelin LORTIC, dont la fondation remonte à 1846, ne s'occupe que de reliures artistiques entièrement exécutées à la main, sans le concours d'aucune machine. En examinant les volumes de « Paul et Virginie », édition Curmer, des « Contes rémois », de « l'Abbé Tigrane », on est frappé du soin patient qui a présidé à la confection des reliures qui les habillent si brillamment et d'une manière si sobre à la fois, mais d'un goût sûr.

Avec la maison Charles MAGNIER et ses fils nous rentrons dans le genre reliure industrielle. Fondée en 1853 par M. Magnier père, et dirigée actuellement par les trois frères Magnier, Henri, Ernest et Paul, elle occupe 400 ouvriers et ouvrières. Comme la maison Engel dont elle est l'émule, elle emploie en grand les machines pour sa fabrication et façonne les reliures et cartonnages par grand nombre pour les éditeurs et autres maisons de commerce qui ont à faire recouvrir des millions de volumes, pour les habiller, depuis le simple cartonnage du livre classique jusqu'aux reliures les plus luxueuses du livre d'étrennes et de distribution de prix. Ce qui distingue cette maison si bien organisée, c'est la régularité de la façon et son fini, malgré la rapidité d'exécution et souvent ses bas prix, obtenus grâce à la machine et au nombre considérable d'un même volume. L'étranger pour sa part apporte à cette maison une large contribution dans les commandes, et les Etats-Unis notamment, de même que les pays d'outre-mer, surtout l'Amérique du Sud, pour ne parler que des plus importants, lui passent des ordres réguliers qui ne pourraient être exécutés aussi vite ni à aussi bon compte par les relieurs de ces pays.

M. Philippe MERCIER est un relieur d'art. A Saint-Louis il n'avait envoyé que cinq volumes reliés par ses soins, mais on peut affirmer sans crainte d'être démenti que c'étaient cinq joyaux rares. Ajoutons que ce n'étaient pas des pièces d'exposition établies à grands frais pour figurer dans ce tournoi, mais des travaux courants tels qu'ils sont exécutés journellement dans les ateliers de M. Mercier. Il résulte de cette constatation qu'il n'en sort que des chefs-d'œuvre ; les plus hautes récompenses qu'il a obtenues dans les expositions antérieures lui ont été continuées aux Etats-Unis où sans discussion, et à l'unanimité, le Jury lui a décerné le prix le plus élevé. Les reliures exposées étaient : « Voyage de fiançailles au XXe siècle », reliure maroquin bleu ciel avec filets et ornements dorés, intérieur soie ; « Aucassin et Nicolette », reliure maroquin bleu, ornements dorés dans le style de l'époque ; « Fleurs de cyclamens », reliure maroquin bleu à filets rouges et or, intérieur maroquin rouge, ornements dorés ; « L'Abbé Constantin », ornements dorés et filets. Disons en terminant que les dessins des décorations ont été entièrement faits par M. Mercier ; c'est donc en plus une œuvre tout à fait personnelle.

M. PETRUS RUBAN a fondé son atelier de reliure en 1879. Il ne fait que de la reliure d'art et, par le soin apporté à tous ses travaux, il a rapidement conquis une réputation de véritable artiste. Parmi les six reliures qu'il a exposées nous devons signaler « La Fille Elisa », reliure maroquin bleu marine avec ornements rouges d'une grande sobriété mais d'un goût exquis ; « Jean et Jeannette », reliure avec ornements mosaïque or et bleu deux tons ; « L'Oaristys », reliure maroquin plein poli avec plats intérieurs mosaïque or et polychromes d'un effet très original.

M. SAINT-ANDRÉ DE LIGNEREUX exposait comme artiste, et tout le monde a pu admirer ses beaux spécimens de reliure en cuir d'art. Dès 1885, après avoir examiné toutes les industries se rattachant au cuir d'art et constaté la disparition complète de cette branche artistique, il résolut de rénover cet art, de le diffuser et de le répandre. A cet effet, et pour en approfondir le côté technique, il devint propriétaire-directeur d'une fabrique de gaînerie, maroquinerie, petits meubles et petites reliures. Il poursuivit ses études techniques, économiques, industrielles, ainsi que ses recherches et études personnelles d'art, en vue de la rénovation projetée, durant dix années jusqu'en 1895. Il présenta alors ses premiers travaux aux Beaux-Arts et envoya chaque année ses œuvres aux Salons de peinture de Paris.

Frappé des résultats obtenus, le Ministère du Commerce lui confia successivement des missions d'études à l'étranger, notamment en Allemagne, en Autriche-Hongrie, Danemark, Italie, Angleterre, Etats-Unis. Il fonda en 1896 un cours gratuit dans son atelier d'artiste et dans les écoles professionnelles de la Ville de Paris de même qu'au Musée des Arts décoratifs et de l'école de Villenoble. Dans les concours qui furent provoqués par son initiative, ses élèves obtinrent la presque totalité des prix. M. Saint-André de Lignereux ne s'en tint pas là. Il fonda la Société nationale du cuir d'art français, afin de continuer son œuvre de propagation, et afin aussi que cette industrie naissante fût portée à son plus haut développement. Il eut le bonheur de compter dans son comité de patronage les sommités artistiques de Paris et devint le président de cette société.

Cette activité dévorante porta ses fruits et le ministre du commerce chargea M. Saint-André de Lignereux, en 1900, d'étudier la création de l'enseignement du cuir d'art dans les écoles pratiques de commerce et d'industrie dépendantes de l'Etat. La même année, il fondait des cours dans ces écoles et étudiait sans désemparer la création d'une école professionnelle, visant la maroquinerie, la gaînerie et les articles de voyage. A cet effet il s'adressa au syndicat de cette industrie, qui le nomma directeur de l'école; cette nomination fut approuvée par le ministre du commerce. L'année suivante il fonde la Société pour favoriser le travail à la main et son extension dans la famille et dans les campagnes, et est élu président. Son but était d'aider les petits métiers manuels faits à temps perdu dans les campagnes, et d'empêcher ces petites industries de péricliter. Il voulait aussi qu'elle exerçât une action moralisatrice en favorisant, autant pour les hommes que pour les femmes, le travail à domicile qui, en leur rapportant un certain gain, les retient au foyer.

Après presque vingt années de tels efforts, suivis de résultats remarquables, personne ne fut surpris de voir en 1902 la croix de la Légion d'honneur remise à M. Saint-André de Lignereux. Personne non plus n'a été étonné de le voir recevoir le grand Prix à Saint-Louis dans notre groupe, comme il l'a reçu dans le groupe XXXIV, pour ses coffrets en cuir. C'est donc un devoir pour nous de rendre hommage à l'activité comme aux efforts incessants d'un homme qui a rendu des services éminents à une industrie, en même temps qu'à un art, qui l'un et l'autre périclitaient. Etaient exposés entre autres : « Shakespeare Songs », avec reliure très réussie, arbre dont le tronc est enguirlandé d'une banderolle où se détache le mot « Songs », le tout d'une exécution gracieuse ; « Holy Bible », reliure avec incrustations, plats avec ornements feuilles, fruits et branches, plats intérieurs en satin.

M. Paul-Henri WEILL, dont la maison remonte à 1847, exposait pour la première fois. L'organisation de son établissement lui permet d'entreprendre les travaux les plus divers depuis la reliure de luxe jusqu'au cartonnage industriel. Mais son genre le plus répandu est la reliure de bibliothèque, dont l'exécution soignée lui a valu la clientèle de nos grandes bibliothèques publiques, de nos grandes écoles et d'un grand nombre d'exportateurs. C'est par le fini, la grande solidité de ses travaux et leur variété, qu'il est arrivé à ce résultat. On a pu en juger à l'exposition, en examinant « Les Arts en Toscane sous Napoléon », reliure de style, composition artistique ; « Les Fables de La Fontaine », reliure de fantaisie ; « La Grande Encyclopédie », reliure de bibliothèque cousue sur nerfs, type par excellence de reliure presque inusable pour livres de travail et de consultation fréquente.

GROUPE XVIII

CARTOGRAPHIE, GLOBES TERRESTRES

Si la France dans le groupe XVIII ne comptait que trois exposants, c'est que dans notre pays les éditeurs de cartes géographiques sont, en très grand nombre, également éditeurs de livres. Certes ces grandes maisons d'édition ont publié et publient régulièrement des atlas et des cartes géographiques d'une exécution parfaite; mais il y a lieu de se demander si, en se spécialisant dans cette branche et en faisant converger tous ses efforts uniquement sur la publication exclusive d'ouvrages cartographiques, une maison, disposant de ressources, comme en possèdent la plupart de nos grosses maisons d'édition de livres, n'arriverait pas à un brillant succès. A notre sens, la science géographique est si complexe et demande à la fois, pour se traduire, des connaissances si étendues et, pour l'exécution, des soins si méticuleux et des moyens si puissants, que tous les efforts réunis ne sont pas de trop pour mener à bien des œuvres qui, à notre époque de voyages et d'exploration, sont d'un intérêt primordial. Nous soumettons cette réflexion aux capitalistes ou aux mécènes de notre pays, car s'il est une spécialité d'édition où l'argent et le travail acharné tiennent les rôles prépondérants, c'est assurément la cartographie. En tournant les yeux vers certains pays voisins, on verra que dans cette branche la spécialisation assure le succès, à la condition de pouvoir dépenser sans compter.

M. Henry Barrère est éditeur-géographe. Sa maison a été fondée en 1796 par Andriveau-Goujon, qui en est resté propriétaire jusqu'en 1828. Son gendre, Jules Andriveau-Goujon, lui succéda à cette époque et la céda en 1858 à son fils Eugène Andriveau-Goujon qui en resta propriétaire jusqu'en 1888, date où M. H. Barrère se mit à sa tête.

Tout en tenant au courant les nombreuses publications mises au jour par son prédécesseur, M. Henry Barrère s'est surtout attaché à la publication de cartes topographiques et géographiques, nécessitées par le développement du tourisme et de l'expansion coloniale. Cet établissement s'est toujours signalé par ses belles publications cartographiques d'une impression si nette et si bien tirée, consistant principalement en cartes pour bureaux, atlas et cartes scolaires. Telles sont la « Carte touriste de France », dressée avec le concours du Touring-Club de France en 15 feuilles tirées en cinq couleurs; la « Carte topographique des environs de Paris au 1 : 50.000 » dans un rayon de 100 kilomètres, gravée en six couleurs avec courbes de niveau, en cours de publication; cette carte compte actuellement vingt-neuf feuilles; la « Carte d'Afrique au 1 : 10.000.000 », dressée avec le concours de la Société de Géographie de Paris; la « Carte de la Mission Marchand » en quatre feuilles; enfin la « Carte du Maroc » également en quatre feuilles.

MM. Erhard frères sont graveurs-géographes et en même temps imprimeurs. Bien qu'ils n'éditent pas à proprement parler, ils ont exposé dans le groupe XVIII leurs plus beaux travaux et nous ne pouvons que nous en féliciter. Cette maison fut fondée en 1849 par M. Erhard père, l'importateur en France de la gravure géographique sur pierre lithographique, substituée à la gravure en taille-douce, seule en usage jusque là pour la reproduction des cartes. Les avantages considérables qui résultèrent de ce procédé furent vite appréciés, car le prix de la main-d'œuvre était bien inférieur à celui qu'il fallait payer avec les autres procédés. De plus, la rapidité d'exécution, de même que la clarté de l'impression, qui put se faire ainsi en plusieurs couleurs, le firent vite adopter pour l'établissement des cartes géographiques. Aussi de grandes maisons d'édition s'adressèrent-elles à la maison Erhard et les beaux travaux qui sont sortis de ses presses firent rapidement la réputation des ouvrages, lancés avec le procédé de tirage en lithographie.

L'atelier Erhard fut chargé au début de graver et d'imprimer les cartes du Dépôt de la Guerre, qui ne possédait pas encore les ateliers de gravure qui furent annexés depuis au Service géographique de l'Armée. C'est lui également qui fut pendant cette période chargé d'exécuter les planches, qui servirent à illustrer l'ouvrage de Napoléon III, la « Vie de César », de même que les atlas des campagnes de Crimée et d'Italie.

A la suite de la guerre franco-allemande, l'extension que prirent les études géographiques nécessita une transformation de l'établissement, qui devint plus industriel par l'adoption de machines lithographiques et typographiques, destinées à pouvoir satisfaire et répondre à la production toujours croissante des ouvrages classiques de géographie. C'est à ce moment que l'on commença en 1878 la carte vicinale de France au Ministère de l'Intérieur à l'échelle de 1 : 100.000. Cette carte, imprimée en 587 feuilles, a été complètement exécutée dans les ateliers Erhard. Elle a nécessité 18 années de travail. Cette œuvre considérable, qui ne mesure pas moins de 144 mètres carrés de surface, a montré d'une manière définitive à quel degré l'industrie cartographique française peut arriver, quand elle dispose de moyens puissants. C'est un exemple à retenir et qui démontre, nous ne saurions trop le redire, que le jour où des éditeurs français voudront faire de gros sacrifices dans cette voie, ils seront assurés du succès. D'autres travaux remarquables de la maison Erhard prouvent surabondamment que la France, dans ce genre de publications, peut faire aussi bien que maints autres pays les plus réputés dans cette spécialité.

M. J. Forest s'est spécialisé dans la fabrication des globes terrestres et globes célestes, des appareils de cosmographie, des cartes scolaires et de bureau et des cartes topographiques à diverses échelles. Créée par M. Forest père en 1873, cette maison s'est adonnée surtout depuis 1889 à la construction des globes en langue française. En développant cette fabrication, M. J. Forest a eu l'idée de faire des traductions du texte en plusieurs langues, notamment en espagnol, en portugais, en russe et en anglais, si bien qu'il est devenu le fournisseur des gouvernements péruvien, argentin, chilien, uruguayen, mexicain et colombien. Traduits en russe, ses globes sont employés dans les écoles de Russie. Depuis 1889 il est également le fournisseur du Ministère de l'Instruction publique, autrefois tributaire de l'étranger pour les globes terrestres.

M. J. Forest ne s'est pas cantonné exclusivement dans les globes, il publie aussi des cartes scolaires. Leur lisibilité et la méthode synthétique, employée à leur construction, les ont fait adopter dans l'enseignement et honorer de souscriptions au ministère de l'Instruction publique. Ses cartes topographiques au 1 : 300.000, très claires et bien tirées, sont recherchées par les touristes et le Touring-Club de France en fait des acquisitions fréquentes. Il faut savoir gré à cette maison des efforts qu'elle a faits depuis quinze années pour développer cette branche de notre industrie.

MM. Philippe Bourdier, Paul-Jean Georgio, Ulysse Robert et le Ministère des Colonies avaient envoyé des cartes de Madagascar et de la Réunion et des graphiques très intéressants.

CONCLUSION

Tout le monde à Saint-Louis a été unanime à constater le grand succès remporté par la France, tant par le nombre que par la qualité des produits exposés. La librairie française particulièrement a donné dans toutes ses branches des marques telles de sa supériorité que les plus hautes récompenses lui ont été décernées. Leur nombre a dépassé celui accordé aux autres nations. C'est donc pour nous un sujet de légitime fierté d'avoir à enregistrer dans notre rapport des résultats aussi flatteurs, je dirai même, aussi magnifiques.

Nos éditeurs de livres et de périodiques ont montré qu'ils progressaient d'une manière continue, et que leurs beaux livres de bibliophiles à gravures ne pouvaient être égalés nulle part.

Nos relieurs ont été particulièrement favorisés, et il est rare de voir un nombre aussi restreint de concurrents cueillir autant de lauriers. Cela tient au degré de perfection qu'ils ont atteint de tout temps. Le bon goût et le fini, qui caractérisaient chacune des pièces exposées, imposaient les jugements, qui ont été rendus à leur égard. Le témoignage ne pouvait pas être différent. De ce côté nous n'avons donc point de concurrence à craindre pour le présent.

Nos éditeurs géographes et cartographes exposants étaient trop peu nombreux pour que le jury du groupe XVIII, où nous n'avions pas de juré français, ait pu juger de l'ensemble des progrès réalisés dans cette branche de notre industrie. Il serait à désirer qu'à une prochaine exposition cette spécialité fût réunie aux autres de la librairie, ou, si elle était encore séparée, que nos grands éditeurs, qui tous publient des atlas et des cartes géographiques, prissent part au concours ouvert pour ce genre de publications si intéressantes et où nous tenons un si bon rang.

Il serait cependant injuste de déduire de ce qui précède, que les autres nations étrangères n'aient pas eu leur part de succès. L'Allemagne a fait pour l'Exposition de Saint-Louis un effort qu'on ne retrouve pas dans le passé, car elle a dépensé pour sa participation officielle en 1904 quatre millions de marcs ou cinq millions de francs, soit un million de marcs de plus que les prévisions. Elle était incitée à cet effort par sa clientèle, qui aux Etats-Unis est nombreuse, eu égard à l'émigration allemande, plus florissante là qu'en aucun pays du monde, et principalement à Saint-Louis. Le nombre de ses exposants était de 151 pour la librairie et de 32 pour la géographie. La plupart ont exposé des œuvres remarquables, autant au point de vue des ouvrages d'érudition que des publications illustrées et des procédés employés pour l'édition du livre en général. Tout y est soigné et les travaux d'impression et de reliure industrielle ont atteint un haut degré de perfection. Il faut reconnaître aussi, que la plupart des revues techniques allemandes, comme les périodiques de famille, ont en général cette supériorité d'être éditées avec luxe et illustrées avec une profusion de gravures tirées sur beau papier glacé qui les met en valeur. Leurs grands périodiques, qui tirent à des nombres supérieurs aux nôtres, sont riches en renseignements de toutes sortes et, au point de vue de la forme, laissent bien peu à désirer. De ce côté, ils n'ont presque rien à nous envier. Quant à l'arrangement des illustrations et au côté artistique de ces dernières, de même que pour les éditions des livres dits « de bibliophiles », comme pour tout ce qui concerne la reliure d'art, ils n'ont pu en aucune façon concourir avec nos éditeurs spéciaux ni avec nos relieurs.

Nous avons vu d'autre part, bien qu'il faille faire de sérieuses réserves sur les chiffres donnés, que leur production est supérieure à la nôtre et que la consommation de leurs livres dans le monde atteint un chiffre élevé. Cela tient, avons-nous dit, au chiffre énorme de leurs nationaux qui sont répandus un peu partout sur notre planète ; cela tient aussi à leurs moyens de propagation, à leurs bibliographies bien complètes et à leurs nombreux libraires, qui forment une armée d'agents de propagande répandus un peu partout dans le monde.

L'Angleterre nous offrait des éditions remarquables à plus d'un point de vue. Les beaux papiers employés aux éditions, les cartonnages soignés qui revêtent la plupart des livres, l'impression si nette de presque toutes les publications éditées dans ce pays, témoignent des efforts qu'on y fait pour arriver à la perfection et, dans beaucoup de cas, on est bien près d'y atteindre. Il faut regretter toutefois qu'en 1904 la participation des éditeurs anglais se soit bornée à l'envoi de quelques spécimens seulement ; leur trop petit nombre, bien qu'ils fussent judicieusement choisis, n'a pu que nous faire regretter cette demi-abstention.

Les Etats-Unis, plus encore que l'Angleterre, nous ont causé une véritable déception par le petit nombre de leurs exposants dans la section de librairie. Nous avons d'autant plus déploré cette autre quasi abstention que les exposants présents nous ont montré des éditions remarquables, imprimées soigneusement sur des papiers d'une beauté incomparable. Il est vrai que ces productions atteignent un prix beaucoup plus élevé que les nôtres et, dans ces conditions, il peut sembler moins malaisé de faire bien et même très bien avec un tel luxe de déboursés, que l'acheteur américain vient heureusement couvrir sans marchander. Ce pays est passé maître dans les autotypies, et le coup d'œil comme la sûreté de main, si utile dans ce genre de spécialité, donnent aux œuvres un fini dans les tons, bien fait pour nous émerveiller.

Voilà donc quatre grands pays dont les publications font honneur à notre industrie, montrant chacun un genre de perfection qui lui est propre, suivant les éléments dont disposent ses éditeurs et le milieu où ils se meuvent.

Quant aux autres pays, bien que l'Italie ait envoyé quelques beaux spécimens, mais en trop petit nombre, et que le Japon nous ait montré des illustrations originales, ils n'ont pu se placer qu'au second plan, la plupart de leurs publications ne pouvant être comparées, même de loin, avec celles des pays énumérés plus haut.

S'il nous est permis, après cette esquisse rapide, de résumer d'un mot nos observations et d'en déduire ensuite un enseignement, nous dirons qu'au point de vue de la fabrication la France trouve dans l'Allemagne, l'Angleterre et les États-Unis ses plus sérieux concurrents, mais que, pour l'exportation des livres sur les principaux marchés du monde, c'est l'Allemagne seule qui est redoutable. Par sa production, par ses exportations, elle laisse la France assez loin derrière elle. Nous avons suffisamment commenté et expliqué les statistiques, mais, ce qu'il importe de connaître et de retenir avant tout, ce sont les moyens propres à développer notre exportation de livres,c'est-à-dire notre action à l'étranger. Il s'agit donc de savoir si la France ne pourrait pas arriver à ce résultat en améliorant et en perfectionnant de plus en plus ses méthodes et ses moyens d'action. C'est à cette recherche que nous allons nous attacher avant de terminer notre travail.

Il est incontestable que l'effort de la librairie française est considérable, mais il n'est pas douteux qu'elle peut mieux faire encore dans la voie de la propagation et arriver à disputer à ses concurrents les marchés si riches de l'étranger. Sur ce point, le doute n'est pas possible, et le succès ne pourrait que couronner nos efforts, si les questions suivantes étaient mises à l'étude et si le programme, qui serait la conséquence naturelle de cet examen, se réalisait à bref délai.

L'apprentissage des commis-libraires est un desideratum exprimé depuis longtemps par la plupart des chefs de maison. Il devrait durer au moins deux années.

La création d'une école de commis-libraires s'impose également. La question a été agitée dans les congrès d'éditeurs, mais jusqu'ici n'a pas abouti. Des cours spéciaux, faits par des spécialistes sur un programme peu étendu, mais bien déterminé, seraient le corollaire de l'apprentissage. L'étude des langues étrangères y aurait une large place, car leur connaissance faciliterait aux jeunes libraires français leur placement à l'étranger; ils pourraient ainsi y faire un séjour profitable, d'une durée plus ou moins longue. Ils y trouveraient l'occasion d'étudier sans frais appréciables les méthodes employées hors de France.

Les envois d'office et en dépôt ou à condition devraient être faits par nos confrères sur une plus large échelle et pour une longue durée, sans la parcimonie qu'y apportent encore trop d'éditeurs français. Comment un livre peut-il trouver des acheteurs nombreux sur le simple libellé d'un catalogue ou d'une bibliographie ? Nous avons donné en exemple ce qui s'est passé aux Galeries de l'Odéon depuis leur création. Existe-t-il une preuve plus sensible des résultats qu'amène l'examen des livres, qui est à notre avis la meilleure des publicités. Dans beaucoup de cas un livre feuilleté est un livre acheté.

L'ouverture de comptes sur bonnes références devrait être plus large, et les crédits accordés suffisamment étendus comme durée pour inciter les libraires de détail à s'approvisionner plus complètement qu'ils ne le font et à tenir toujours en magasin les ouvrages les plus courants et surtout les nouveautés. C'est à une grande largeur de vue sur ce point que les éditeurs allemands doivent de voir augmenter sans cesse le nombre de leurs correspondants sur tout le globe. Ils en retirent un profit certain et immédiat dont bénéficie aussi, par là même, la production du livre qui s'élève d'année en année chez nos voisins. Il serait utile d'autoriser dans une certaine mesure ce que les Allemands appellent les *disponenden*, c'est-à-dire la faculté de garder plus longtemps, et au delà des délais ordinaires impartis aux dépôts, certains ouvrages dont l'éditeur peut se passer. Il reste bien entendu que, lorsque les dits ouvrages sont près de s'épuiser, le retour immédiat aurait lieu sur simple avis.

L'ensemble de nos éditeurs ne devrait pas laisser à quelques grandes maisons seulement le monopole de la publicité, mais s'attacher tous à faire des annonces de leurs livres dans les journaux français et étrangers — pour ces derniers l'envoi d'exemplaires suffit généralement — ; à envoyer des prospectus bien faits et clairs — titre avec analyse succincte et surtout table des matières complète — ; enfin à en faire des expéditions très nombreuses, sur un choix trié d'adresses, à des spécialistes et surtout aux bibliothèques et aux professionnels.

Pour ne pas nuire à l'ensemble de la littérature française, quelques maisons d'édition — nous avons déjà un peu à regret effleuré ce sujet plus haut — devraient restreindre autant que possible leur production dans ce genre que par euphémisme nous appellerons « corsé ». Nous savons que ce genre de littérature s'adresse surtout à l'étranger où il est, quand il s'y édite, officieusement sinon officiellement proscrit, ou ne se débite que sous le manteau. On serait surpris à l'étranger de voir combien ces livres se vendent peu en France. Ils suffisent cependant à nous faire, au delà de nos frontières, une réputation imméritée d'immoralité, qu'exploitent savamment à notre détriment ceux-là mêmes qui les ont acquis dans leur pays, sinon dans le nôtre.

Une autre question essentielle à examiner, est celle du dépôt légal, qui ne devrait plus être fait uniquement par l'imprimeur, mais aussi par les premiers intéressés, l'éditeur ou l'auteur. Outre les avantages que présente le dépôt légal pour nos collections nationales qu'il vient enrichir, pour la propriété littéraire et artistique des œuvres de l'esprit, qu'il garantit, puisque les poursuites en contrefaçon ne peuvent s'exercer au profit de l'auteur que du jour où l'ouvrage est entré à la Bibliothèque nationale, enfin pour les mesures de police et d'ordre public à l'application desquelles tout citoyen est intéressé, il y en a un autre qui touche tout spécialement la librairie d'édition : c'est celui de contribuer à compléter notre bibliographie nationale qui, nous l'avons vu plus haut, n'enregistre que les deux tiers à peine de notre production. Complétée ainsi grâce à l'obligation imposée à l'éditeur de déposer les ouvrages qu'il édite, cette bibliographie aurait l'avantage de porter plus de titres de livres à la connaissance des acheteurs, et par conséquent d'activer la vente dans une large mesure. Cette vérité est si évidente que les grosses commandes des grandes bibliothèques de l'étranger se font sur les listes du dépôt légal ; nous ne citerons comme exemple au milieu de tant d'autres que celui du British Museum de Londres. Du reste, ce vœu, à savoir que le dépôt légal soit effectué par l'éditeur et à son défaut par l'auteur ou, pour les publications sans nom d'éditeur ou d'auteur, par l'imprimeur, a été adopté à l'unanimité au congrès des éditeurs de Paris en

1896, au congrès de la Propriété littéraire d'Anvers, au congrès des maîtres-imprimeurs de France à Lyon en 1894 et au congrès des maîtres-imprimeurs de France à Marseille en 1895. Si le projet de loi Philippon, qui nous donnait satisfaction sur ce point, avait été voté en 1890, nous n'aurions probablement pas eu besoin, dans le présent rapport, au chapitre qui traite de la production française, de rétablir la vérité sur les chiffres notoirement inexacts et incomplets qu'accuse le dépôt légal, tel qu'il est fait actuellement.

Si les conditions multiples indiquées ci-dessus se trouvaient une fois remplies par le commerce français de l'édition, ce dernier ne tarderait pas à en subir les influences heureuses, au point de vue du développement de la production et de la vente des livres.

Notre vœu le plus cher est que nos confrères veuillent bien mettre à profit les conseils que nous suggère une expérience de plus de trente années pendant lesquelles nous avons été en contact avec les libraires de presque tous les pays. Nous avons la conviction qu'en les suivant, ils obtiendraient dans un délai très rapproché d'appréciables résultats. Il y va non seulement de leur intérêt, mais de celui de notre pays, car le bon livre, cette denrée de l'esprit, ne laisse pas derrière lui des résidus destinés à retourner à la matière pour se transformer. Il marque dans les esprits son empreinte, souvent ineffaçable. Il y sème le bon grain d'où germent des idées fécondes. Il emporte au loin avec lui un peu de l'âme nationale; il fait connaître et aimer la France.

H. Le Soudier,
Libraire-Éditeur.

TABLE DES MATIÈRES

TABLE DES GRAVURES

Dans le texte

Hors texte

EXPOSANTS FRANÇAIS DES GROUPES XVII ET XVIII

Paris. — Imprimerie F. Levé, rue Cassette, 17.

www.ingramcontent.com/pod-product-compliance
Ingram Content Group UK Ltd.
Pitfield, Milton Keynes, MK11 3LW, UK
UKHW012038240726
13965UKWH00003B/879